LUIZ FELIPE PONDÉ
CARLOS TAQUARI

O AGENTE PROVOCADOR
UMA METRALHADORA GIRATÓRIA CONTRA
A INDIGÊNCIA MENTAL E OS DONOS DAS
VERDADES ABSOLUTAS

nVersos

Sumário

Introdução, 7
Capítulo 1 Censura ampla e irrestrita, **9**
Capítulo 2 A inquisição e os novos Torquemadas, **29**
Capítulo 3 Políticos, virgens e bordéis, **41**
Capítulo 4 De mordaças e censuras, **59**
Capítulo 5 O cala boca não morreu, **81**
Capítulo 6 Religião e poder, **101**
Capítulo 7 Um mergulho na alma humana, **123**
Capítulo 8 "Enforquem 100 kulaks, pendurem 100 deles nas ruas", **133**
Capítulo 9 Um socialista utópico e cristão, **149**
Capítulo 10 "Solitária, pobre, sórdida, embrutecida e curta" – Thomas Hobbes, **167**
Capítulo 11 Igualdade x liberdade, **181**
Capítulo 12 A ilusão do populismo, **197**
Capítulo 13 Fracassados e ressentidos, **207**
Capítulo 14 Sapiens? Ou apenas uma espécie pré-histórica perdida na modernidade?, **217**

Introdução

Este livro foi escrito a quatro mãos. A ideia partiu do colega e jornalista da TV Cultura, Carlos Taquari: "Vamos fazer uma entrevista: eu pergunto, você responde e transformamos num livro"? Topei imediatamente. Nosso percurso segue as sessões em que conversamos sobre variados temas. Os títulos dos capítulos foram dados pelo Taquari, assim como todas as perguntas. Minhas são as respostas.

Os temas são variados, mas, aqui e ali aparecem autores clássicos, sempre em diálogo com questões contemporâneas. A intenção é refletir, de certa forma, sobre a miséria intelectual no espaço público contemporâneo.

Da nova forma de censura "líquida" que brota de toda parte, do já "eterno" politicamente correto ao cala a boca jurídico que sentimos na pele, passando pelos novos Torquemadas, o livro dedica uma boa parte a essa catástrofe da inteligência pública levada a cabo pelos seus próprios agentes. Mergulhamos em dramas humanos constantes, passando por revoluções políticas conhecidas desde o século XVIII, dando especial atenção ao bolchevismo — que faria a esquerda *woke* mijar na saia — pelo caráter sórdido e breve da vida pré-política, nem por isso esquecendo que a política é em si um bordel de falsas virgens.

Encerrando nosso trajeto pelo fracasso e ressentimento que definem, em grande parte, a experiência afetiva, intelectual e política do nosso século desde os delírios utópicos. Taquari é um desses raros jornalistas em atividade que não é "vendido" ao consórcio ideológico. Que fique bem claro que o "vendido" aqui não implica corrupção financeira meramente. Pode, sim, significar manutenção do emprego ou mesmo agenciamento de benefícios na carreira. Aqui, significa, prioritariamente, não ter vendido a alma ao consórcio ideológico que, no caso nacional e mundial, desde a segunda metade do século XX, trata-se de um consórcio ideológico de esquerda. Não são poucos os jornalistas — assim como acadêmicos, intelectuais públicos, editores, vendedores em livrarias, artistas, organizadores de feiras literárias — que entregaram a alma a esse consórcio. Não há nada que esperar desse mundo além da burra unanimidade já cantada em prosa e verso pelo grande Nelson Rodrigues.

Tenho tudo a agradecer ao querido Taquari pela ideia, execução e oportunidade de oferecer ao nosso leitor uma breve reflexão que resume, em parte, alguns dos temas que têm me preocupado nos últimos anos.

Capítulo 1

CENSURA AMPLA E IRRESTRITA

Taquari: *O livre pensar é só pensar, como dizia Millôr, ou atualmente é uma atividade de alto risco?*

Pondé: Hoje, não existe de forma nenhuma um livre pensar. É engraçado como Millôr conseguiu expressar essa ideia no passado, em plena ditadura militar. Atualmente, é um alto risco. Você pode ser alvo de algum tipo de cancelamento, pode perder patrocínio, ser demitido, pode ser atropelado por questões internas de uma instituição, políticas corporativas contaminadas por ideologias e pode ser processado. Esse processo pode vir de algum dos tribunais do Poder Judiciário, chegando até o STF. Ou pode ser acionado por alguma categoria profissional ou social. Alguma ONG pode acionar o Ministério Público para te processar porque você falou alguma coisa tida como uma ofensa ou porque, simplesmente, a categoria percebeu que você entendeu o "esquema" das coisas que envolve aquela categoria. Quando, na ditadura militar, a censura estava associada a alguma repartição do governo que era, acima de tudo política, era diferente. Hoje, não. Hoje existe uma censura líquida, que vem de todos os lados. Vem da empresa, do marketing, do patrocinador, vem dos colegas dentro de uma redação, da chefia, enfim, chega por todos os lados. Por isso chamo de censura líquida, fazendo um paralelo com a vigilância líquida, do Bauman.[1]

Taquari: *Millôr Fernandes dizia que: "Imprensa é oposição. O resto é armazém de secos e molhados". Hoje, parte da imprensa parece que aderiu a um projeto de poder, a ponto de esconder ou minimizar casos de corrupção, enquanto alguns jornalistas se transformam em mensageiros do governo. A frase do Millôr continua válida?*

Pondé: Na verdade, está bem pior do que quando Millôr disse essa frase, nos tempos da ditadura militar. Sem dúvida, a frase continua valendo. O que aconteceu é que a polarização acabou expondo isso ainda mais. As universidades, que chocam o ovo da serpente, foram fechando o cerco ao redor de doutrinação ideológica. Todo mundo sabe que isso é verdade. Como os bolsonaristas também falavam isso — e eles são umas bestas — ficou parecendo que isso não é verdade. As universidades e as faculdades de humanas, com raríssimas exceções, doutrinam os alunos para serem de esquerda. Não é que essa doutrinação seja uma orientação oficial, decidida em colegiado. Mas é quase uma relação de sociabilidade entre os colegas, professores, alunos e até funcionários. O resultado é que, principalmente na área de Comunicação, que vai formar jornalistas, gente que vai trabalhar em jornais, televisão, nos sites e mesmo publicitários, hoje, todos são de esquerda. Cineastas, todo o pessoal que vem das faculdades de Comunicação e atua em vários setores de mídia, são de escolas profundamente doutrinadas. É raro encontrar algum professor – alguns mais educados, outros mais descaradamente, que não seja aquele que vai dar uma bibliografia com viés, porque a

---

1. Zygmunt Bauman (1925 – 2017). Filósofo e sociólogo polonês, professor emérito das universidades de Leeds, no Reino Unido, e Varsóvia, na Polônia. Tem mais de 30 livros publicados, entre os quais *Amor Líquido*, *Vidas Desperdiçadas* e *Globalização: as Consequências Humanas*.

doutrinação acontece assim. Não é que o professor, necessariamente, vá fazer campanha por votos na esquerda dentro da sala. É a bibliografia que ele vai dar, é a conversa que ele tem comentando um trabalho. É a presunção da certeza acerca da posição do outro. É isso que existe. A presunção em que eu assumo que o outro, em sendo meu colega, professor ou aluno, terá uma posição semelhante à minha que é a posição de esquerda. Isso, acabou fazendo com que a imensa maioria dos profissionais na área de comunicação, incluindo jornalismo, saia da faculdade doutrinada.

O que ajudou a piorar o cenário é o fato de que o feminismo se tornou uma bandeira gigantesca nos cursos de humanas. Recentemente, uma senadora apresentou uma ideia de projeto para criação de uma disciplina de feminismo nas faculdades. Como se fosse uma espécie de educação moral e cívica, do passado. Então, o feminismo ajudou a doutrinar e fazer com que as jornalistas saiam da faculdade furiosas. Determinadas discussões são proibidas, prevalecendo o princípio de que só deve ser permitida uma opinião, a opinião do "bem político consagrado". Daí o fato de que a imprensa hoje é quase toda um armazém de secos e molhados. É claro que isso, na maioria das vezes, não vem da direção. É a infantaria, a militância. Tem leitor que acha que é o patrão que manda fazer isso ou aquilo. Não. É o chamado *middle rank*, que está ali no meio da hierarquia. É ali que está a militância que defende a exclusão de quem não pensa igual.

Então, quando veio o bolsonarismo isso piorou, até pelo comportamento dos bolsonaristas durante a pandemia. Se, em algum momento, depois que Bolsonaro assumiu, — e até hoje, quando Lula é o presidente — alguém ensaiasse algum tipo de crítica aos governos do PT ou ao partido, a pessoa já era rotulada de bolsonarista. Mesmo que não fosse. Durante o governo de Bolsonaro, a esquerda exigia o tempo todo provas de que você não era bolsonarista. Em certa medida, isso permanece.

Então, a frase do Millôr não apenas continua válida como é mais atual hoje do que foi no passado. Na verdade, é uma linha direta desde Nelson Rodrigues. O Nelson percebeu, desde os anos 1960, que a imprensa estava indo nessa linha.

Taquari: *Bertrand Russell dizia que o grande problema do mundo é que os tolos e fanáticos estão sempre cheios de convicção, enquanto os sábios estão cheios de dúvidas. Você concorda?*

Pondé: Em gênero, número e grau. Ele tem toda razão. Bertrand Russell[2] era um filósofo bastante cético diante das questões que havia para se duvidar em seu tempo. Eu acho que ainda hoje é a pura verdade. As certezas são normalmente trunfo de quem leu pouco. De quem refletiu pouco. De quem observou fenômenos do mundo e tentou organizá-los de forma racional na relação causa e efeito, mas não conseguiu e daí, optou por visões simplistas. Há quem ache que os ignorantes são mais felizes. Alguns acham que os idiotas são mais felizes, o que dá na mesma, porque seguramente têm mais convicções.

Taquari: *Como se explica que amplos setores na mídia e nas universidades tendem a aderir ao pressuposto de que a esquerda está sempre correta. Eles não admitem que possa existir uma posição de centro. Ou que centristas, liberais ou até mesmo conservadores, eventualmente, possam ter alguma razão?*

Pondé: A esquerda tem uma presunção de pureza moral e se acha melhor do ponto de vista ético e moral. Alguém que salva o mundo. Os herdeiros diretos da função salvífica da graça.

---

2. Bertrand Russell (1872 – 1970). Prêmio Nobel de Literatura de 1950, o filósofo e matemático britânico foi um dos mais influentes pensadores, ensaístas e historiadores do século XX.

Houve uma migração da ideia de redenção do mundo, da ideia de graça, por conta de um certo recuo do cristianismo como cultura inteligente pública, para a política como aquela que vai redimir o mundo. Essa redenção é, supostamente, levada a cabo pela esquerda, incluindo aqui a esquerda religiosa. Isso gera esse tipo de fenômeno. Na realidade, a matriz do embate político hoje é a matriz das heresias.

No ambiente de imprensa, de mídia em geral, se você não é de esquerda, não é alguém que ama o Lula, que usa a estrela vermelha, você é um herege. Como nos tempos da Inquisição. Apesar de que a esquerda, inclusive nas eleições de 2022, se valeu da ideia de que era uma frente democrática — e Lula usou isso ao trazer a Tebet e o Alckmin para o seu governo — e veja que o Alckmin, depois de Lula eleito, sumiu, voltou a ser o pó que era antes da chapa com o Lula. No governo de transição, o Alckmin aparecia em fotos com um monte de gente, o líder do governo de transição. Então, se você não reza numa dessas cartilhas, você é um herege. Isso fica claro para qualquer pessoa que já tenha estudado textos da Inquisição – tem aqui na Biblioteca Dominicana uma cópia da condenação de uma mística medieval, do século XIV, que foi queimada como herege, em Paris. Na França, tem muito material sobre isso. Essa é a matriz. A pessoa não tem direito de defesa — pressupondo que ela teria o direito de defesa. Mas se uma pessoa acha que o PT é uma gangue – e eu acho que o PT é uma gangue — ela estará condenada como herege. Hoje, só não existe a fogueira, objetivamente falando, mas existe o cancelamento, o boicote, o apagamento, que funcionam como eliminação do herege.

Taquari: *Nesse quadro, como você vê a atuação da imprensa?*

Pondé: Atualmente, eu estou muito pessimista em relação à imprensa. Estou na *Folha de S.Paulo* desde 2008, mas já escrevia para jornais desde 1994 (na época, eu fazia um doutorado na França e comecei a escrever para o *Estadão*, entrevistando intelectuais). Na TV Cultura, eu comecei em 2010. Percebo a piora na imprensa. Imagine alguém que acompanha esse meio, por exemplo, há 30 anos. Impossível não perceber as pressões, o viés das pessoas que trabalham nas redações, na maioria esmagadora, como pessoas que não pensam, não refletem.

De certa forma, os "hereges" de hoje têm que fazer como os cristãos, na época da perseguição romana, nos primeiros séculos: desenhar peixe na areia para se comunicar com os outros, como se estivessem transmitindo segredos. Porque, se alguém descobrir que você não faz parte da patota, você está perdido. A pessoa tem que ficar o tempo todo provando que faz parte. Ou ficar quieto, o que já pode ser presunção de suspeita. Isso é o padrão de operação da suspeita de heresia.

É uma palhaçada atribuir tudo isso à polarização e ao Bolsonaro. É claro que os bolsonaristas polarizam mesmo. Mas foi a esquerda que começou com essa história.

Taquari: *Como se dá o patrulhamento ideológico na universidade?*

Pondé: A universidade tem outra característica. Além das políticas ideológicas, ela tem políticas corporativas internas. Então, tem grupos de poder que, normalmente, estão associados ao PT, PSOL, mas, *a priori*, a censura ideológica nem é, necessariamente, a primeira instância. Na primeira, o objetivo é destruir pessoas que não fazem parte do seu grupinho. O tempero ideológico vem como um argumento a mais. A intenção é atrapalhar sua pesquisa, perseguir orientandos, inviabilizar financiamento para viagens e congressos. Na vida acadêmica existem as agências financiadoras que são colonizadas por grupos de poder internos associados aos jogos políticos corporativos. Essas agências representam esses grupos de poder corporativos. Muitos acadêmicos escrevem artigos nos jornais falando de transparência e ética, mas são eles próprios que manipulam as instâncias de financiamento. Uma pessoa pode ter projetos de pesquisa, de doutorado, que são recusados por antipatia da hierarquia em relação a ela.

A universidade tem, também, o aspecto ideológico, principalmente, no que tange a fazer a cabeça dos alunos. Os alunos não estão diretamente expostos à política corporativa de grupos, mas estão expostos à lavagem cerebral em sala de aula e à perseguição do seu orientador que pode impactá-los nas bancas e na atribuição de bolsas de estudo. Mas, a relação entre pares não depende só do viés ideológico, que normalmente está presente porque é quase todo mundo de esquerda. Ela é, antes de tudo, uma questão de grupos de controle dentro da máquina burocrática da universidade, que envolve a distribuição de verbas. Estamos falando de CNPq, FAPESP e CAPES, que são as três grandes agências financiadoras. A FAPESP costumava ser um pouco melhor, no sentido de não responder às baixarias de grupos. Mas se, por exemplo, o Estado de São Paulo cair nas mãos do PT, a FAPESP vai ficar ideológica também.

Taquari: *Isso chega a afetar projetos de mestrado ou doutorado?*

Pondé: Isso pode afetar, como eu já vi acontecer, a seleção de concursos de professor, em que a banca é manipulada, muitas vezes, para dar o resultado que o grupo de poder do momento quer. Então, vamos reprovar X e aprovar Y. A banca é montada para garantir a aprovação de uma determinada pessoa. Mas a seleção de candidatos ao mestrado e doutorado também pode ser impactada, se a intenção for prejudicar uma pessoa, de forma que ela fique sem orientandos. Numa universidade pública, você pode não ser demitido por causa disso, mas pode ficar com horas ociosas, uma vez que seus orientandos nem sempre passam na seleção. Isso pode prejudicar também o encaminhamento de alunos para matrículas em disciplinas. Por exemplo, um professor pode falar para seus alunos não se matricularem na disciplina de um outro professor. Então, aquela disciplina pode não vingar e não acontecer, porque não tem matrícula. Assim, esse professor terá sua presença no departamento esvaziada.

Agora, se a universidade tem pesquisa *stricto sensu*[3], como PUC, FGV, ESPM, que são instituições historicamente consistentes em termos de pesquisa nesse nível, aí o perigo é maior porque, esvaziando a disciplina de um professor, o contrato de trabalho é reduzido e ele vai ganhar menos. Acontece que os contratos se baseiam em orientação, pesquisa — que é uma coisa meio vaga — e número de disciplinas.

Os alunos de mestrado e doutorado, sabedores disso, muitas vezes, acabam optando por fazer trabalhos que interessam a professores integrantes do grupo que manipula burocraticamente a instituição. É uma forma de garantir a permanência deles no mestrado e doutorado, assim como o futuro profissional. Estar associado a um determinado professor, no mestrado e doutorado, e se esse professor é *persona non grata*, no mundo corporativo da universidade, esse aluno, quando sair, talvez não passe em concurso nenhum. Talvez no Acre ou Roraima. Mas nos espaços disputados, como São Paulo, Rio de Janeiro, Minas Gerais, Brasília, Rio Grande do Sul, Paraná, Santa Catarina, Bahia, que são espaços onde há uma concorrência maior no mercado de trabalho, aí fica difícil.

A universidade é um antro de cascavéis.

---

3. *Stricto sensu* – Expressão latina que significa "em sentido específico", em oposição ao *lato sensu* (sentido amplo). Refere-se ao nível de pós-graduação que titula o aluno como mestre ou doutor em determinado campo do conhecimento.

Taquari: *A maior parte dos alunos atravessa quatro anos de faculdade sem ler um único livro. No máximo algumas resenhas. Se não leram na faculdade, dificilmente vão adotar o hábito da leitura mais tarde. Isso significa que essas pessoas vão ter, pela vida afora, um baixo nível de compreensão, repertório limitado e estarão sempre sujeitas a serem manipuladas?*

Pondé: Sem dúvida. Acho que esse problema tem dois níveis. Um é o nível baixo da educação em geral, que não tem a ver com questões ideológicas. Os alunos têm um nível cada vez pior. Aí entra o fato de que a educação hoje é terra de ninguém. As teorias pedagógicas que tratam de crianças e adolescentes são péssimas. Cheias de moda e autoajuda. Os professores são malformados. E os alunos não leem nada. Um outro nível é que a facilidade de acesso a modos de burlar a demanda de leitura é maior do que no passado. Os alunos também não gostavam de ler no passado, mas eles tinham menos formas de burlar a demanda da leitura. Isso fazia com que eles fossem obrigados a algum tipo de leitura do conteúdo para conseguir lidar com as provas, avaliações e seminários. Hoje, com o acesso a resumos nas redes, os alunos são capazes de montar seminários e apresentações de trabalhos sem que tenham, realmente, lido os livros. É possível perceber isso nas apresentações ou nas provas orais.

Taquari: *As pessoas buscam cada vez mais recursos que levam ao empobrecimento do repertório?*

Pondé: No começo se achava que cursos sobre clássicos e clubes de leitura iriam estimular os alunos e as pessoas em geral a lerem. Mas, o que as pessoas fazem, na imensa maioria dos casos, é trocar a leitura pelo que é disponível em conteúdo audiovisual. Eles preferem assistir um vídeo sobre um livro tal, apresentado por alguém que conhece o conteúdo. Ou, pior, quando alguém com milhões de seguidores nas redes resolve se apresentar como especialista em clássicos. Na faculdade, eu ouço com frequência: "Professor, não tem algum vídeo que fale desse livro?" Para não ter que ler.

Os jovens ainda são menos capazes de mentir de forma organizada. Então, existe toda essa gama de instrumentos que facilita o empobrecimento do repertório. Além do fato de que ninguém lê jornal. Há algum tempo, os professores obrigavam os alunos a lerem jornal. Isso na área de cursos de Comunicação; Jornalismo, Publicidade, Cinema, Televisão. Em cursos como Ciências Sociais ou Filosofia, o aluno fica mais exposto a maior pressão para alguma leitura, porque a cobrança é maior. Mas nessa área que forma pessoas para o mundo da imprensa e da mídia, isso é uma lástima.

Além dessa questão, que independe de simpatias ideológicas, soma-se o fato de que a maioria esmagadora dos professores coloca temas, referências biográficas e vídeos na internet que reforçam a posição ideológica deles. Então, os alunos não só saem ignorantes, na sua maioria, como saem viciados em três ou quatro ideias que eles repetem. É por isso que a imensa maioria dos jornalistas chega nas redações com, basicamente, umas três posições e três formas de interpretação do mundo, quando muito. Diante de qualquer coisa que esteja fora desse nível de interpretação, eles se perdem.

Taquari: *Apesar de todas as lições da história, alguns dirigentes políticos ainda se sentem como enviados divinos, como nas monarquias absolutas de séculos atrás. Nos tempos atuais, acabam partindo para um messianismo autoritário na tentativa de se perpetuar no poder. Não surpreende que as pessoas se deixem levar por esses populistas, à direita e à esquerda?*

Pondé: Um dos mitos típicos do mundo da imprensa e da mídia em geral é a ideia de que, se for oferecida informação às pessoas, elas vão desenvolver consciência crítica. Isso é um mito e um fetiche. Consciência crítica já é um grande mito. Afora, a racionalidade estratégica dos militantes, dos políticos profissionais, dos partidos políticos, afora esse nível de racionalidade instrumental e pragmática, no plano do povo, dos eleitores, a relação com a política sempre foi — e creio que continuará sendo — irracional. Isso é da ordem do irracional. Ou seja, simpatias, *a priori*, por um determinado conjunto ideológico partidário, simpatias por interesses em relação a um candidato específico que aí não é só direita ou esquerda, mas todas as pessoas que aderem a essas plataformas. Na verdade, como define aquele conceito de Ciência Política chamado Cognição Política, como a política é um território em que se tem muita informação, com *inputs* infinitos, ninguém consegue ter uma compreensão minimamente clara do que está acontecendo.

Nesse ponto, vale uma analogia com Descartes[4] que dizia que só Deus tem intelecto suficiente para entender o que acontece, para entender o Universo. Nós precisamos sempre de algum método para entender pedacinhos pequeninos. Depois, quem sabe, juntar alguns e ter uma ideia minimamente razoável desses. É a noção de análise, de especialidade, de onde derivou esse método em Ciência. Na política, como diria Descartes, só Deus poderia saber o que acontece de forma plena. O que a gente faz, englobando especialistas, profissionais e pessoas comuns, é aplicar aquilo que somos capazes de compreender.

Dos especialistas, com mais leitura e maior capacidade de lidar com repertório, espera-se mais. Do senso comum, com nenhuma leitura e nenhuma capacidade de manipulação de repertório, a

---

4. René Descartes (1596 – 1650). Filósofo, físico e matemático francês. É considerado um dos nomes mais importantes na história do pensamento ocidental, tendo influenciado gerações de filósofos. Entre suas obras, destacam-se *O Discurso sobre o Método* e *Princípios da Filosofia*.

não ser as taras pessoais que aparecem nos comentários, jornais de TV, postagens de especialistas ou de intelectuais nas redes, em textos nos jornais, nada fica. Basta ver os comentários. É um bando de gente que, na realidade, está ali só cuspindo suas preferências, seus ódios.

Taquari: *Como se explica que, atualmente, continua havendo uma adesão irracional a determinadas figuras que estão longe de representar valores éticos e os princípios básicos de um mundo civilizado?*

Pondé: Na coletânea de textos de Hamilton[5], Madison e Jay, do século XVIII, nos Estados Unidos, *Federalist Papers*, eles perguntam: "Será possível que não chegaremos a uma forma de política racional e seremos sempre vítimas da contingência e do destino?" Eu acredito que nós continuamos vítimas da contingência e do destino. Hoje, isso pode ser diferente do que era no final do século XVIII, mas continua sendo educação, temperamento, faculdade, sofrimentos ao longo da vida, capacidade de estabelecimento de sociabilidades dentro do ambiente de trabalho, ser mais ou menos dependente de dinheiro, para conseguir sobreviver.

Então, isso de aderir a populistas, lembrando a comparação com as monarquias, eu posso não achar que o rei é rei porque Deus quis, mas alguém pode achar que o Bolsonaro é um enviado de Deus, como muita gente achou, ou achar que o Lula é o enviado da história santa, que vai salvar o Brasil. Ou seja, a política continua sendo gerida, em massa, pela ignorância.

Isso não significa que uma pessoa com repertório profundo, organizado e sistemático, não poderá ter uma compreensão um

---

5. Alexander Hamilton (1755 – 1804), James Madison (1751 – 1836) e John Jay (1745 – 1829). *Os Papéis Federalistas*, uma coletânea de 85 artigos, serviram de base para ratificar a Constituição dos EUA e resultaram de reuniões realizadas na Filadélfia, em 1787.

pouco melhor do que acontece na política. Pode ocorrer, mas isso não afasta simpatias ideológicas. O que nos afasta do viés ideológico é algum tipo de desencanto com a política; temperamentos; visão cética; pessoas que têm menos fé nas coisas. Isso que, associado a um repertório, pode contribuir para evitar a aderência a interpretações ideológicas distantes da realidade.

No século XVII, Blaise Pascal[6] dividia os estudiosos entre os chamados *demi-savant* e os *savant* (meio-sábios e sábios). Os *demi--savant* eram aqueles que tinham alcançado conhecimento muito limitado sobre as coisas e, portanto, tinham muitas certezas. Os *savant* eram aqueles que haviam ultrapassado esse nível limitado de conhecimento e, portanto, tinham poucas certezas. Muitas vezes, no caso de Pascal, ele acabava suspeitando que pessoas do povo, do senso comum, poderiam ter mais razoabilidade do que os *demi-savant*. Quando se compara certos conhecimentos populares com posições de especialistas que vem da academia, podemos suspeitar que o senso comum é mais sábio. Por exemplo, normalmente, o povo desconfia que crianças criadas sem pai e mãe terão um futuro comprometido. Na academia, hoje quase todo mundo defende a ideia de que crianças criadas só com a mãe serão melhores filhos ou filhas. Apesar de todas as pesquisas dizerem o contrário.

Aqui no Brasil, Otto Maria Carpeaux[7] fazia a diferença entre semi-letrados e letrados. Semi-letrados são os *demi-savant* do

---

6. Blaise Pascal (1623 – 1662) – Filósofo, matemático, físico, inventor e teólogo francês. Em sua obra principal *Pensamentos*, antecipou vários temas que seriam objeto de estudos e reflexões ao longo de séculos.

7. Otto Maria Carpeaux (1900 – 1978) – Historiador, crítico literário, ensaísta e jornalista. Nascido em Viena, veio para o Brasil para escapar do nazismo e acabou naturalizando-se brasileiro. Instalou-se no Rio de Janeiro, onde fez carreira como jornalista e escritor.

Pascal. Alguém que leu pouco e, portanto, construiu suas certezas a partir de dois ou três livros. O letrado sabe o esforço enorme que é necessário para se conseguir emitir uma frase em que você tenha razoável segurança.

Taquari: *Qual é o impacto disso tudo nos meios de comunicação?*

Pondé: Na televisão, há uma cultura natural de bactérias de *demi-savant*. Entre outros motivos, porque é preciso falar rápido sobre Deus e o mundo num minuto e meio. Imagine alguém chamado a discutir, por exemplo, a guerra da Ucrânia. Então, essa pessoa diz: "Eu não comento guerras porque sou contra guerras". Quem em sã consciência é a favor de guerras? Só psicopatas e quem trabalha na indústria bélica. Então a frase "Não comento guerras porque sou contra guerras" significa um *"political statement"*, do tipo, "Vou fazer aqui uma afirmação política sobre minha posição. Sou um pacifista, portanto, um ser humano superior". Essa, de forma alguma poderia ser a posição de alguém que está tentando entender o que significa aquele contexto de guerra. Ainda assim, as pessoas podem analisar situações de guerra, por exemplo, entre Israel e Hamas — essa ainda mais claramente do que entre Rússia e Ucrânia — de forma inteiramente pautada por pressupostos ideológicos. A esquerda, massivamente, é anti-Israel e a direita, hoje, é pró-Israel. O que não acontecia na época da fundação de Israel, um Estado que começou socialista.

Então, hoje se vê jornalistas, inclusive mulheres, relativizarem a violência sexual contra mulheres israelenses, no dia 7 de Outubro de 2023, em nome de um pressuposto ideológico de que Israel seria um opressor. Portanto, dentro desse raciocínio, para essas pessoas, é permitido matar e violentar mulheres israelenses.

A desconfiança e a desesperança constituem o maior risco de alguém que lida com a realidade hoje em dia. Principalmente, quando se fala de pensamento público.

Taquari: *Ao longo da história, nenhum regime baseado nas ideais radicais da direita ou da esquerda deu certo. Apesar disso, as pessoas continuam se iludindo. Porque isso acontece?*

Pondé: Porque o *homo sapiens* é irracional. A capacidade de leitura, seja com muitas referências ou com método científico, é algo cansativo. O mais fácil hoje é um idiota achar, por exemplo, que Hitler tinha razão. Ou achar que é melhor viver numa ditadura militar, acreditando que os militares iriam fazer um país mais honesto — o que no caso do Brasil não aconteceu. Não foram competentes na gestão do país enquanto estiveram no poder. Apesar disso, existem idiotas que pedem intervenção militar, achando que os militares vão trazer justiça, honestidade na administração pública, o que não aconteceu em lugar nenhum. Ou pode-se encontrar pessoas, inclusive jovens que, apesar de tudo que se sabe sobre a União Soviética, coisas que muitos não sabem mais — alguns nem sabem o que é União Soviética — vão relativizar tudo que Stálin fez. Em São Paulo, no Carnaval de 2024, teve um bloco em que aparecia uma foto do Stálin sorrindo, caricatural, onde se lia: "Stalindão", ou Stálin lindão....

Então, nunca subestimemos a estupidez, nunca. Primeiro, porque a história passa e a memória se perde. Principalmente, em relação a eventos que exigem uma memória sistematizada, que se alimenta de livros e de informação consistente.

Portanto, em relação aos governos de extrema direita ou extrema esquerda ao longo da história, tudo isso ficou longe no tempo. Hoje ninguém sabe mais coisa nenhuma, principalmente, os jovens. Quanto ao que sabem por parte de professores, eles relativizam para reforçar suas crenças políticas.

A questão toda é como não perder a esperança sabendo um pouco mais do que a maioria. Esse é o grande desafio. Por isso acabo, às vezes, acreditando no conceito de Graça, do Cristianismo. Para você não perder a fé vai depender de alguma Graça.

Taquari: *Temos hoje países onde os governantes eliminam a liberdade de expressão, atropelam as leis, manipulam o judiciário e prendem os opositores. No entanto, recebem pouca atenção da imprensa. Por exemplo, a Venezuela, Nicarágua e Cuba. Parece que as pessoas só se mostram indignadas quando as violações ocorrem de um lado do espectro político. Como você vê essa questão?*

Pondé: Veja, por exemplo, o caso do Milei, na Argentina. É um sujeito esquisito, louco, com propostas anarco-capitalistas totalmente utópicas. A Argentina é um país falido economicamente — que ainda assim faz cinema melhor do que o Brasil — falência que foi sendo construída ao longo do tempo por vários espectros políticos.

No último caso, um governo peronista de esquerda, levou a Argentina à pior inflação já enfrentada no país. No entanto, os jornalistas no Brasil, massivamente, tratam Milei como um caso perdido. O chamam de bolsonarista, para acabar com ele e, em momento algum, colocam em pauta o fato de que o outro candidato, o Massa, era o ministro da Economia do regime que destruiu a economia da Argentina.

Fica muito claro aquilo que o Miłosz[8] descreveu em *Mente Cativa*. A imprensa e os intelectuais, em geral, vivem num estado de mente cativa contínua. Eles não são capazes, no caso da Argentina, — isso não significa dizer que o Milei vai fazer um grande governo — de lidar com a ideia de que os argentinos,

---

8. Czesław Miłosz (1911 – 2004). No livro *Mente Cativa*, o autor narra a perseguição aos intelectuais nos tempos da União Soviética e analisa os regimes tirânicos que aterrorizam a população para se perpetuarem no poder. Nascido na Lituânia, de família polonesa, ganhou o Nobel de Literatura em 1980.

ao elegerem um novo presidente, tentavam mudar alguma coisa. Mudar o governo, o grupo no poder, o conjunto de ideias, tentar algo necessário para o país que já estava no buraco, por conta de um conjunto de ideias. A questão é que se trata de um conjunto de ideias de esquerda. Como a mente cativa dos jornalistas e intelectuais é massivamente de esquerda, então, as análises são quase todas miseráveis.

Taquari: *Há alguma comparação possível entre os grandes jornais do Brasil, dos Estados Unidos e de outros países?*

Pondé: No Brasil, três grandes jornais, *Folha de S.Paulo*, *O Estado de S.Paulo* e *O Globo*, têm artigos que, vez ou outra, vão contra a maré massiva dos petistas nas redações — como dizia o Paulo Francis, já nos anos 1980. Nos Estados Unidos, o *Wall Street Journal* é um jornal muito mais independente do que o *New York Times*, por exemplo. Infinitamente. É possível ler artigos excelentes no *Wall Street Journal* que, ao contrário do que muita gente pensa, não é só um jornal sobre a Bolsa de Valores. Nesse jornal são publicados artigos escritos com maior grau de liberdade, do que no *New York Times* ou no *Washington Post*. Porque esses dois jornais, além de estarem submetidos à demanda de seus leitores nas redes sociais, que acabam muitas vezes pautando o conteúdo, também têm um viés de esquerda. O *Wall Street Journal* não é um jornal de direita, não é trumpista, não é uma *Fox News*. Mas tem muito mais autonomia. Menos cativo do que os outros dois.

Na Inglaterra, o *Financial Times*, que não trata só de assuntos de finanças, em comparação ao *The Guardian*, também apresenta um caráter mais arejado. Na França, você encontra artigos no *Le Figaro*, que não vai encontrar no *Le Monde* ou no *Libération*.

Hoje, independente do aspecto ideológico, existe na mídia, em geral, a miséria da sustentação econômica. Se tomarmos como exemplo a edição impressa da *Folha* e a edição on-line, nessa última há um monte de lixo pop que não se encontra na impressa. Por que é a empresa tentando captar a miséria cognitiva dos leitores mais jovens. E da massa de imbecis — como dizia Umberto Eco — que povoa as redes sociais. A edição on-line tem que lidar com BBB, com divórcios dessa ou daquela, quem traiu quem. As pessoas expõem suas vidas privadas porque isso dá engajamento. O que os seguidores mais se interessam é por aspectos da vida privada. Quanto mais suja, mais eles têm interesse.

Então, se compararmos o *Figaro*, o *Monde* e o *Libé*, como eles falam lá para se referir ao *Libération*, como o primeiro é um jornal claramente conservador, ele é muito mais fechado a baixarias. Quem quiser encontrar algo disso no jornal tem que buscar nas revistas semanais, que têm um monte de fofoca.

A imprensa israelense tem artigos densos, principalmente, aos finais de semana, seja no *Haaretz*, no *Jerusalem Post* ou no *Yediot Ahronot*, o jornal mais lido de Israel. Nas edições de fim de semana, tem material cultural muito superior ao dos jornais brasileiros. Nos grandes jornais brasileiros, os cadernos de fim de semana são cada vez mais miseráveis, cada vez mais presos ao que o pessoal identitário quer.

Na França, o *Figaro* tem colunistas, artigos de opinião, que destoam completamente do *mainstream* daquilo que a esquerda quer ouvir e ler. Alguns mais próximos do *Wall Street Journal* ou do *Financial Times*. Mas o *Figaro*, é mais distante porque guarda o que podemos chamar de "fobia construtiva" dos Estados Unidos, que os franceses têm. Querer manter distância de tudo que é influência americana é um clássico francês que une gaullistas a direita e a esquerda francesa histórica. Então, na França, o jornal que melhor informa é o *Figaro* — se você quer ver algo que não seja ideologicamente óbvio. É mais sólido, menos aberto a modas e onde se pode encontrar artigos com densidade que não se vê em todo lugar. Com relação ao conflito Israel-Hamas isso é evidente. O *Le Monde Diplomatique* virou um panfleto de esquerda. Aqui no Brasil, se espremer, sai a bandeira do PT ou do PSOL. É mais ou menos como a *Fox News*, nos Estados Unidos, só que do outro lado. O *Monde* perdeu espaço porque quis se manter na posição de centro. Enquanto o *Libération* é um jornal influenciado por Maio de 68[9], o Figaro consegue se manter naquele nicho dos conservadores franceses cultos — uma coisa que no Brasil quase não existe — e o *Le Monde* ficou perdido, perdeu densidade. Tentou abraçar a ideia de que poderia ser um jornal que atiraria para todos os lados. E perdeu espaço. Na verdade, o Francês, como língua, perdeu espaço.

---

9. Em maio de 1968, a França foi palco de uma onda de protestos que se estendeu por sete semanas, com manifestações, greves gerais e ocupações de universidades e fábricas. No auge da crise, conhecida como Maio de 68, o país parou, e a economia ficou à beira do colapso. N.E.

Capítulo 2

A INQUISIÇÃO E OS NOVOS TORQUEMADAS

Taquari: *Vivemos, atualmente, sob uma espécie de Inquisição, com "Torquemadas" defendendo a censura nas rádios, TVs, imprensa escrita e sites, além do linchamento virtual de opositores?*

Pondé: Há uma operação muito semelhante entre a Inquisição e situações que observamos nos dias de hoje. Os inquisidores — o mais famoso de todos era o espanhol Torquemada[1] — em sua maioria, eram dominicanos e pertenciam a uma ordem que nasceu com vocação à razão, a inteligência e a doutrina. Eram pessoas que achavam que estavam fazendo o bem. Eles recebiam cartas com pedidos de ajuda que iam desde problemas pessoais, de sobrevivência, até impotência sexual, frigidez e a outros relacionados com família ou propriedades.

A Inquisição nasceu como parte de um departamento da Igreja responsável por cuidar da doutrina. Veja, por exemplo, o Mestre Eckhart[2], que foi professor na Universidade de Paris. Ele chegou a ser condenado pela Inquisição, mas escapou de morrer na fogueira porque morreu antes. A súmula de condenação saiu depois que ele

---

1. Tomás de Torquemada (1420 – 1498). Inquisidor Geral da Espanha e confessor da Rainha Isabel, A Católica.
2. Eckhart de Hochheim (1260 – 1328). Mais conhecido como Mestre Eckhart, foi um frade dominicano renomado, reconhecido por sua obra como teólogo e filósofo.

já havia desaparecido. Uma das condenações ocorreu porque ele pregou em Alemão Medieval na Catedral de Estrasburgo, na Alsácia, em vez de usar o Latim. Então, se vê que a Inquisição cuidava para que as normas da Igreja fossem observadas de forma rigorosa para evitar questões que, na visão deles, pudessem prejudicar a sociedade. Por isso, queimavam as pessoas, prendiam e torturavam. Claro que isso não existe hoje. Pelo menos, até agora.

Hoje, o Torquemada pode ser encontrado na universidade, nas redações de jornais e sites, no jovem que está dando os primeiros passos na profissão e, afinal, em muitos setores da sociedade. O Torquemada, no mundo atual, é aquele que tem absoluta certeza de que está fazendo o bem. Por exemplo, alguém que lhe diz: "Eu sou marxista e acredito no processo histórico descrito por Marx". Essa pessoa tenta se basear na História, enquanto o inquisidor acreditava falar em nome de Deus. Hoje, o inquisidor, os pequenos ou grandes Torquemadas, estão espalhados pela sociedade. Alguém que tem absoluta certeza de que deve exercer seu poder em nome do bem. Imagine um Torquemada no Poder Judiciário.

Não existe ninguém mais perigoso no mundo do aquele que acredita ser a encarnação do bem. O Marquês de Sade era menos perigoso do que alguém com uma alma puritana — um Torquemada que acreditava representar o bem. Quando alguém, seja no Poder Judiciário, seja na mídia, nas empresas, se apresenta dessa forma, é um sinal de perigo.

Então, a figura do Torquemada hoje pode estar encarnada no sujeito descolado, com celular na mão, que domina o universo digital e está ligado no que há de mais inovador em termos de comportamento. Mas, toda vez que eu encontro alguém que acha que representa o bem, eu dou dois passos para trás. Não confio.

Assim como não confio naqueles que dizem representar Deus. Essas pessoas, a partir de suas crenças, podem criar problemas para os outros nas relações pessoais, no trabalho etc.

As relações de trabalho funcionam como um poderoso vetor de censura líquida. Todo mundo mente sobre isso. Na verdade, o convívio social implica uma certa mentira. Uma pessoa faz regime e você diz que ela emagreceu, que ela está bonita. Aquilo que o Nelson Rodrigues chamava de "A mentira misericordiosa". Mas o problema é a mentira associada à destruição de carreiras, perda de patrocínios, processos jurídicos.

Se o Poder Judiciário resolve destruir uma pessoa, ele destrói em horas ou dias. Essa pessoa não arranja emprego em lugar nenhum. Isso é uma forma de Inquisição.

Nos tempos da Inquisição, a pessoa perdia seus bens. As pessoas ao redor paravam de falar com ela porque acreditavam que ela tinha parte com o demônio. Jogavam ovo podre.

O historiador Huizinga[3], em *Outono da Idade Média*, descreve um fim de semana nos Países Baixos, no século XV, quando as famílias saíam para ver gente sendo queimada na fogueira. Era um programa de final de semana. As pessoas xingavam, cuspiam, se divertiam vendo outros sendo levados para a fogueira. Cancelamento, linchamento.

A humanidade não muda. Achar que a sociedade e as pessoas evoluem é acreditar numa mentira. Mudam as fantasias. Mas hoje as pessoas continuam satisfazendo-se ao verem os outros se ferrando. Na mídia, uma pessoa pode ser destruída pelo simples fato de ter uma opinião diferente de um grupo político ou de alguém poderoso.

Eu acho que o mundo hoje é mais canalha do que foi no passado. Não porque no passado as pessoas eram melhores. É porque

---

3. Johan Huizinga (1872 – 1945). Historiador e linguista holandês, autor de inúmeros estudos sobre história cultural, teoria e crítica.

existiam menos protocolos e entendimentos organizados na sociedade. Então, a canalhice não era tão organizada.

Vamos tomar como exemplo o Mestre Eckhart, condenado pela Inquisição numa bula do século XIV. Mês de Março, "Agrodomenico, Nos Campos do Senhor". Naquele momento, havia um papado em Avignon, durante um período da Idade Média, no século XIV, em que o rei francês sequestrou o papa e criou um novo papado, fiel a ele, instalado em Avignon. Então, Mestre Eckhart sai de Avignon, vai em direção ao Sacro Império Romano do Ocidente e escapa da Inquisição. Hoje é mais difícil fugir. Na Idade Média a pessoa simplesmente sumia. O Estado não era organizado. Não existia um Poder Judiciário que pode te processar com uma canetada. O Estado era completamente desorganizado. Então, o cara some do mapa e ninguém o encontra. Estamos falando de um tempo entre 1327 – 1329. Então, quando sai a bula ele já tinha sumido ou talvez estivesse morto. Hoje, o Estado acha uma pessoa em qualquer lugar. A empresa detecta algo que um funcionário tenha dito e ele é demitido minutos depois. O Judiciário pode cassar um passaporte em minutos. A polícia pode encontrar alguém a partir do rastreio do celular — o que pode ser bom quando se trata de criminosos.

Mas, quanto mais o Estado acena com a espada, ele pode usá-lo tanto para o bem quanto para o mal. A questão é que, muitas vezes, estará fazendo isso para conter o pensamento público, "em nome do bem".

Taquari: *Há uma frequência exagerada no uso da palavra fascismo para qualificar uma pessoa da qual se discorda? Ao fazer isso, o acusador não está, de certa forma, adotando um comportamento fascista?*

Pondé: O uso da expressão fascista para caracterizar qualquer um que não seja de esquerda é basicamente um exercício do fascismo. Essa expressão não encontra apoio quando se lida com alguém que tem um repertório maior do que boa parte dos jornalistas, por exemplo. Claro que hoje ninguém escapa da censura do Poder Judiciário, o maior poder da República.

Esse espírito de Torquemada está disseminado nos tempos atuais. Muitos desses pequenos Torquemadas ficam engasgados quando não conseguem nem entender o que está sendo dito. Não têm repertório. Não conseguem argumentar. Isso permite colocar um pouco de limite, embora não tenha qualquer poder contra o mau-caratismo. O mau-caratismo sempre vence.

Acontece que fascismo se tornou uma palavra da moda. Usa-se para qualquer coisa. Na França, se tornou comum o uso da expressão: "extrema-direitização", que é quando você chama alguém de fascista e, então, essa pessoa perde o direito à palavra. Mesmo que ela não tenha nunca defendido qualquer postura radical.

Temos veículos de mídia onde jornalistas não aceitam que determinadas pessoas sejam entrevistadas. A menos que a entrevista funcione, de antemão, como uma peça acusatória. Ou seja, descendo o cacete logo de cara.

Então, quando um jornalista se recusa a entrevista determinadas pessoas, ele está assumindo uma postura enviesada, contrária aos princípios do jornalismo. É por isso que eu acredito que a universidade é culpada pelo que está acontecendo no jornalismo, porque ela está formando um exército de Torquemadas.

Na época do governo Bolsonaro, o uso da palavra fascista era mais comum. No futuro, caso alguém que não faça parte do grupo político atualmente no poder, venha a ganhar destaque, será imediatamente rotulado da mesma forma. No caso do Bolsonaro, ele ajudou bastante, porque ele e os bolsonaristas são claramente burros. Nitidamente, pessoas e agentes políticos abrem espaço para achar que existe fascismo no que eles fazem, no sentido de ser radical, de agredir grupos sociais inteiros.

Quando Bolsonaro, na votação do impeachment da Dilma, fez aquela homenagem a um torturador, o que dizer sobre um cara desses? É de um nível de estupidez, de agressão que, de fato, extrapola qualquer noção de bom senso.

Taquari: *O que está por trás da tendência de impor rótulos que, na maioria das vezes, refletem apenas a visão de quem rotula?*

Pondé: O que está por trás disso é destruir a pessoa profissionalmente. Inviabilizar qualquer discurso com o qual você não consiga lidar intelectualmente. Isso é muito comum na universidade: destruir uma pessoa por divergência ideológica ou, simplesmente, porque ela está acima na hierarquia. Garantir que o espaço ou um patrocínio passe para outro grupo, que o emprego venha para o seu amigo. Trata-se de destruir o outro colando rótulo de extrema-direita, "direitoso". Quando se fala "fulano é de direita, mas sabe comer com garfo e faca", significa que se trata de uma pessoa que não é de esquerda, mas pode circular no ambiente social. Sabe se comportar. Não fala absurdos.

Taquari: *Há uma tendência da esquerda de se atribuir uma certa superioridade moral?*

Pondé: A ditadura no Brasil fez um enorme favor à esquerda. A ditadura criou a falsa superioridade moral da esquerda. Esse não é um fenômeno só do Brasil. A França não teve ditadura, mas isso ocorreu lá também. No Brasil, a ditadura foi a enzima que catalisou a falsa credibilidade que a esquerda reivindica. Tem gente que chega a defender isso publicamente. E mais: há quem enxergue a necessidade de que a esquerda se mobilize para "defender sua superioridade moral".

"Superioridade moral" em gente que persegue pessoas no trabalho, que mente, cancela, destrói carreiras, tira emprego, inviabiliza patrocínio, mente no dia a dia nas reuniões de colegiado, de pauta. É claro, se comparar com os carrascos nazistas, até pode ser. Mas é bom lembrar que a esquerda teve carrascos stalinistas, ainda que tivessem alvos distintos.

Taquari: *Quanto tempo a esquerda francesa — liderada, entre outros por Sartre — levou para reconhecer que a União Soviética era uma ditadura? Havia algum tipo de censura ou autocensura que impedia as pessoas de manifestarem suas opiniões?*

Pondé: A mesma censura ou autocensura acontece hoje no Brasil. O mesmo que acontece com a inteligência pública brasileira. Ela rouba no jogo a favor do PT. Quando um jornalista torce pelo PT, torce pelo Lula, ele não é diferente de um jornalista que omitiu os crimes da China ou da União Soviética. Claro que tem a diferença de grau. O PT não está fazendo o mesmo que os chineses ou soviéticos fizeram. Não dá para comparar. Mas o comportamento intelectual é o mesmo. A mesma mentira. Você não pode trazer certos fatos à tona porque, se fizer isso, alguém pode dizer: "Você está fazendo o jogo da direita". É uma catástrofe.

O que ocorria décadas atrás continua ocorrendo hoje, ou seja, a mesma censura. E eu não acho que isso vai mudar tão cedo. Veja bem, se vivêssemos num mundo de direita e a universidade fizesse a pregação de direita, seria o mesmo desastre, achando que a política é a solução, e não é! Quanto menos a política atrapalhar a vida, melhor. Porque o Estado tem o poder. A política é o território da violência. Por isso, a organização da sociedade precisa conter a violência natural do Estado.

Taquari: *A esquerda passou por grandes transformações ao longo do tempo?*

Pondé: A origem da esquerda está no profetismo hebraico. Marx sabia muito bem disso. Ratzinger[4] sabia muito bem disso

---
4. Bento XVI, nascido Joseph Aloisius Ratzinger, foi Papa e Bispo de Roma, de 19 de Abril de 2005 a 28 de Fevereiro de 2013, quando abdicou, tornando-se Papa Emérito.

quando falava da Teologia da Libertação. O profetismo hebraico e seu descendente direto, o chamado Cristianismo Original, que começou com Cristo, com o movimento apocalíptico, sempre teve um forte componente de crítica social e política, no seguinte sentido: "Deus quer que você cuide dos órfãos e das viúvas". O que significa isso? Isso quer dizer aquilo que os filósofos chamam de "mirada ética". E está no Antigo Testamento, então, "Deus é ético". Não adianta apenas saber disso. Deus espera de você uma conduta. E essa conduta deve ter retidão. A esquerda é filha disso. O próprio Marx — embora se declarasse ateu e o pai tivesse se convertido ao cristianismo para garantir a profissão — era judeu de pai e mãe. Eles vinham de famílias de judeus praticantes.

Então, o cristianismo, que descende do profetismo hebraico, vai paulatinamente, desde a Idade Média, tendo espasmos de crítica social, para criticar as injustiças, a miséria, a fome. A esquerda recolheu o espólio da secularização, no âmbito da crítica social. Estamos falando da esquerda do século XIX. E ela traz a ideia que era muito cara aos profetas hebreus e cristãos a superioridade moral, inclusive no que se refere à palavra de Deus. Então, essa tendência da esquerda de se atribuir uma superioridade moral é religiosa.

Ao longo do século XIX, com o processo de secularização se espalhando pela Europa, ocorreu o horror do capitalismo em seus primeiros tempos, marcado pela desagregação social, exploração, acúmulo de pessoas em favelas nas grandes cidades e mortes nas linhas de produção, incluindo crianças. Todo aquele estado de miséria. Não havia mobilidade social. Marx, quando lança sua utopia de que a história estava marchando para uma época que iria superar o capitalismo, rumo ao socialismo, estava sendo fiel à tradição milenarista do cristianismo, medieval. A tradição que entendia que a história estava entrando na era do Espírito Santo, que iria trazer o reino de Deus para a Terra. Então, no século XIX, a esquerda, apesar de ser ateia e anticlerical, em sua maior parte, aderiu a essa corrente.

Não à toa Raymond Aron disse que o marxismo é o ópio do povo, brincando com a frase de Marx que dizia que a religião era o ópio do povo. Raymond Aron acertou em cheio.

Então, a esquerda é herdeira daqueles que defendiam a suposta superioridade moral dos que trabalham pelos pobres e desvalidos, querendo transformar o mundo. Claro que a esquerda atual está muito distante daquela do século XIX, uma vez que se transformou muito ao longo do século XX, como, por exemplo, diante do ateísmo programático da União Soviética, que acabou não se provando como realidade. A ideia de superioridade moral da esquerda tem raízes na Europa cristã e, assim como os religiosos, o clero e os rabinos, já aparece na crítica de Espinosa[5].

Assim como o clero nunca foi confiável, seja de que religião for; não estou falando só do clero católico. Se o clero nunca foi confiável, porque o clero secular da esquerda seria confiável? A história quando não olhada pelos olhos viciados, se mostra contra a esquerda. Assim como o clero político também não é confiável, seja de direita ou de esquerda.

Uma vez que a direita é tão burra, tão incapaz, se o período bolsonarista tivesse se estendido, hoje nós teríamos que começar

---

5. Baruch de Espinosa (1632 – 1677). Filósofo de origem judaico-portuguesa, foi um dos primeiros pensadores do Iluminismo. Inspirado em Descartes, tornou-se um dos grandes racionalistas da Filosofia do século XVII.

a criticar a direita de forma sistemática. Mas hoje quem oferece risco é a esquerda que, além de tudo, usa o clero mentiroso e falso a seu favor. São os intelectuais, jornalistas, professores, artistas e escritores, todos na mesma corrente.

Então, atualmente, tampouco a esquerda pode ser considerada como dona de uma superioridade moral. Se pensarmos em termos factuais, o PT é uma gangue. O que o PT faz é monopolizar o discurso político do bem e se identificar com certas correntes associadas à ideia do progressismo político. Isso o PT manipula bem.

Quando acabou a Segunda Guerra, a Europa achava que o futuro estava na União Soviética. Os europeus, os intelectuais, a resistência, eram todos comunistas. Acreditava-se que a Rússia seria a grande economia do século XX, mas isso não aconteceu. O fato é que a esquerda não consegue enfrentar o capitalismo, embora esse regime não seja um anjinho. Então, a esquerda se refugiou em temáticas pequeno-burguesas. Foi para a universidade, para as redações de jornais, foi fazer discurso cultural. Guerra cultural. Foi para a educação, para a pedagogia. Ou seja, para lugares onde, *a priori*, não sofre qualquer risco. Ao mesmo tempo, com isso pode influenciar fortemente a formação dos jovens.

A esquerda do século XIX era combativa. Os bolcheviques estavam ali para matar ou morrer. Essa esquerda atual quer dar aula, se dar bem, ganhar patrocínio. Ela é decadente e, antes de tudo, desistiu do enfrentamento com o capitalismo. Ela quer, mesmo, um emprego na ONU.

A decadência é intelectual, mas também moral, de caráter. Então, fica discutindo linguagem. O politicamente correto é uma prova de que a esquerda é decadente.

No Ministério Público há todo tipo de debate ideológico. Um Poder Judiciário alinhado à esquerda pode, de fato, destruir a liberdade de expressão no país.

O fato é que a esquerda nunca foi a favor da liberdade de expressão. Isso é uma palhaçada. Historicamente nunca foi. É o famoso pragmatismo revolucionário.

Capítulo 3

POLÍTICOS, VIRGENS E BORDÉIS

Taquari: *Qual a avaliação que você faz da atividade política?*
Pondé: A política é um bordel. Sempre foi e sempre será. Na verdade, é pior. O bordel é mais honesto. O sujeito paga e tem um serviço. A política não é honesta nem nesse nível. Há uma direita vinculada à ideia de mercado. Mercado livre, diminuição do Estado que, aqui no Brasil, está presente, por exemplo, no Partido Novo, um partido completamente fracassado. Até o fundador foi embora. O Partido Novo sempre foi uma espécie de virgem no puteiro. "Eu moro aqui, mas sou virgem".

Então, essa direita no Brasil ligada ao liberalismo econômico, tem grupos como o Fórum da Liberdade, de Porto Alegre, que existe há décadas ou o instituto IFL — Instituto de Formação de Líderes — de São Paulo, voltado para a formação de líderes liberais. Isso existe, mas é muito fraco. Eles têm uma formação muito ruim, só sabem falar de economia, von Mises[1] e Hayek[2]. Os jovens que estão metidos nisso são, em sua imensa maioria, de família rica, que trabalham no mercado financeiro, em grandes

---

1. Ludwig Heinrich von Mises (1881 – 1973). Economista, de origem judaica, nascido na Ucrânia, que obteve cidadania austríaca e, mais tarde, americana. Defensor da liberdade econômica como primeiro passo para a liberdade individual.
2. Friedrich August von Hayek (1899 – 1992). Considerado um dos principais representantes da Escola Austríaca de pensamento econômico. Defensor do liberalismo clássico.

escritórios de advocacia ou são grandes herdeiros. Então, tem uma questão de classe aí, que produz cegueira.

Taquari: *Nos últimos tempos, o que mais chama a atenção em relação aos políticos que militam na direita?*

Pondé: Por conta de figuras como Trump, Bolsonaro ou Bukele, em El Salvador, Meloni, na Itália, e Marine Le Pen, na França, que tenta repaginar o partido de seu pai, Jean Marie, inclusive trocando o nome para Reunião Nacional, e não mais aquela imagem ligada ao fascismo histórico do Front National, a direita voltou à moda. A questão é por quê? Eu diria que uma das coisas que mais chama a atenção é o fato da resiliência do apoio popular a esses políticos e seu crescimento. Chegou a hora de parar de xingá-los e começar a vê-los como representantes de uma parte significativa da população. De quais sintomas eles falam?

Acho que hoje, basicamente, há uma tendência a chamar todo mundo que critique a esquerda de extrema-direita e, quando alguém é chamado de direita, e não de extrema-direita é porque esse alguém está mais perto de tomar café da manhã com o pessoal da esquerda em Brasília.

Um exemplo muito claro aqui no Brasil de direita "legal" é a figura de Geraldo Alckmin, que sempre foi um sujeito de opiniões brandas, no PSDB, mandou no Estado de São Paulo durante muito tempo e hoje é um nada. O Lula o tirou do ostracismo — grande golpe de marketing do Lula — uma atitude extremamente política que deu certo.

Então, hoje a discussão sobre direita é basicamente feita para deslegitimar qualquer opinião que não seja de esquerda. Não só pelos militantes profissionais da esquerda, mas pela academia, pelos jornalistas e por todos que circulam nesse território que poderia ser chamado de inteligência pública. Dessa forma, temos figuras à direita, liberais, que foram muito críticas ao governo

Bolsonaro e isso os preservou de serem chamados de extrema-direita. Quem detém o poder de dizer que alguém é de extrema-direita é a esquerda. É um julgamento do qual não há salvação. Como ocorria nos Estados Unidos, entre os séculos XVI e XVII, fato retratado no livro *A Letra Escarlate*[3], quando se colocava uma letra A, em púrpura, na roupa das mulheres pegas em adultério. A vida dessa mulher estava destruída dentro daquela sociedade. Hoje, no caso, seriam duas letras: ED (extrema-direita). E não A, de adúltera. Então, a pessoa que carrega o ED nada que ela fale vale a pena, nenhum argumento que ela traga tem valor. Mesmo que essa pessoa não seja de extrema-direita.

Taquari: *Além da imprensa e da academia, em que setores isto também se manifesta?*

Pondé: Há outro grupo que domina o cenário, à esquerda, que é o das editoras. As grandes editoras são todas alinhadas com a esquerda. Não estou dizendo o dono, embora alguns também sejam. Me refiro ao clero ou ao meio clero que toma as decisões e são totalmente de esquerda.

Isso produz o que se chama de "apagamento". Ou seja, a produção literária da pessoa não alinhada ideologicamente vai sendo eliminada, para que ela não seja publicada, não chegue ao público e, um dia, desapareça. É o que estão fazendo com o Nelson Rodrigues. Nesse caso, como se trata de uma figura muito forte no teatro, ele ainda resiste. Mas Nelson é objeto de claro apagamento. Cancelamento é quando a pessoa está viva. Apagamento é depois de morto.

No governo Bolsonaro, embora não possam ser chamados de fascistas históricos, os bolsonaristas tiveram comportamentos

---

3. *A Letra Escarlate* – Livro de Nathaniel Hawthorne, publicado nos EUA, em 1850.

que, de fato, podem ser chamados de uma extrema-direita tupiniquim. Comentários insensíveis sobre a população, especialmente durante a pandemia. Um chefe de Estado não pode fazer piada com grupos étnicos. Ficou muito claro que os bolsonaristas são burros. Esse é um dos problemas deles. Burros, ignorantes, estúpidos e desconhecem qualquer noção básica de Ciência Política. São incapazes de acompanhar qualquer raciocínio sobre a democracia contemporânea no século XXI, incluindo todas as complexidades que ela tem, que quase a leva ao imobilismo. Em termos políticos isso não é tão ruim. Às vezes, quando o Estado fica meio devagar, isso é bom porque a gente sobrevive sem ele.

Taquari: *E o que podemos dizer sobre a trajetória da direita ao longo do século passado?*

Pondé: Em relação ao histórico do século XX, houve dois grandes grupos associados à extrema-direita. Um primeiro grupo, ao longo da primeira metade do século, que inclui os fascismos históricos, associados à extrema-direita. No caso do nazismo, representado por um partido nacional-socialista — palavra que normalmente desaparece, ninguém gosta muito de lembrar desse nome na íntegra — e que entrou em acordos com Stálin no começo da Segunda Guerra, não por convergência ideológica, mas por interesses estratégicos. Eles dividiram a Polônia ao meio e cada um pegou um pedaço do Leste Europeu. Isso interessava à Alemanha durante um tempo e, depois, os alemães resolveram repetir o mesmo erro de Napoleão, que foi invadir a Rússia. O general Inverno russo não falha.

Então, na primeira metade do século XX, temos essa extrema-direita ligada aos abusos violentos de um período da Europa em que havia um projeto claramente imperialista dentro da própria Europa. A Rússia também era imperialista. Mas como era comunista, poucos se lembram disso. A Itália era imperialista e exercia o domínio sobre a África Oriental, tentando manter a Abissínia como sua colônia. E a Alemanha, que era imperialista dentro da Europa e pretendia transformar todo território europeu em parte do Terceiro Reich. O termo extrema-direita, historicamente, está associado a isso. Não significa uma posição ideológica em relação à economia. A extrema-direita fascista italiana e os nazistas na Alemanha eram estatistas, centralizadores, inimigos da economia de mercado e da democracia liberal.

Então, hoje, quando se chama alguém de extrema-direita significa que essa pessoa estaria associada a políticas racistas da primeira metade do século XX, à defesa do Estado de exceção — à teoria segundo a qual o Estado de Direito funciona, a economia segue seu curso, os contratos valem, mas não para determinados grupos que não têm qualquer direito. Esses são colocados sob o estado de exceção.

Taquari: *E como analisar o que acontece nos Estados Unidos?*

Pondé: Trump é uma figura da extrema-direita. Um sujeito oportunista, tudo indica que corrupto, que compra tudo e todos por ser milionário, defende o isolamento dos EUA, que é uma tradição americana, dentro daquela ideia de "não precisamos de ninguém".

Taquari: *O termo "extrema-direita" não estaria sendo utilizado para rotular qualquer pessoa que discorde de correntes de opinião dominantes?*

Pondé: Então, o termo extrema-direita hoje é usado de forma, conceitualmente, muito ampla. Na Europa, no caso da primeira- -ministra italiana, Giorgia Meloni, por exemplo, ela não é vista por seu eleitorado como de extrema-direita e não tem adotado políticas nesse sentido. Mas existem questões como a imigração, que constituem um problema grave na Europa. Basta levantar esse assunto para ser tachado de extrema-direita e de defender o fuzilamento de todo mundo.

Se observarmos as políticas do governo de Emmanuel Macron, a ideia de pegar os refugiados ilegais ou em processo de legalização, e espalhá-los por pequenas cidades, está revoltando os moradores dessas localidades. Prefeitos dessas cidades se mobilizam contra essa proposta, por conta de problemas de segurança, de violência associados a populações de refugiados. Não se trata de dizer que essa população, *a priori*, tende a se envolver com a criminalidade. O que existe é um contexto de má assimilação na sociedade, de preconceito e racismo evidente, seja nos EUA ou na Europa — e é pior nos Estados Unidos. Muitos desses imigrantes não são assimilados no mercado de trabalho. Eles têm muitos filhos, muito mais do que os europeus. O resultado de tudo isso é que existe um grande número de jovens desempregados, que podem ser atraídos para o mundo da violência.

Acontece que não há solução fácil. Quando observamos jovens participando de manifestações a favor de imigrantes ilegais, em Paris, constatamos, de fato, é que os *sans papier*, os sem documentos, constituem uma população que trabalha por muito menos, que tem uma relação com o trabalho mais vulnerável e precária. O empregador não precisa pagar qualquer direito a esses trabalhadores e pode demiti-los facilmente.

Na Itália, ao contrário da França, o empregador nem consegue demitir seus funcionários legais. No caso dos imigrantes ilegais, eles trabalham por qualquer salário e podem ser demitidos facilmente porque não estão sob a proteção das leis trabalhistas.

Então, quando se vê aqueles protestos, de gente posando de progressistas, "a favor do outro", muitos estão mesmo interessados em vantagens muito claras. O francês desempregado, que tem direitos trabalhistas e disputa emprego de garçom, por exemplo, olha para o imigrante ilegal como alguém que está prejudicando a vida dele. O dono do restaurante descolado do *Quartier Latin*, em Paris, emprega o imigrante porque essa é uma mão de obra barata. E o francês, cheio de direitos trabalhistas, é inviável. Então, esse francês começa a votar em partidos que defendem a limitação da imigração e a expulsão dos imigrantes ilegais.

E aí reside um grande problema da chamada inteligência pública, não apenas no Brasil, mas na França e na Itália também. Essa inteligência não enxerga, por exemplo, que o problema da imigração na Europa é uma bomba-relógio. Não tem solução. Ninguém sabe o que fazer. Pegar essa população e colocar dentro de um espaço vai parecer, sim, um ato de extrema-direita, semelhante ao que ocorria na primeira metade do século XX. É uma violência. Fica parecendo um campo de concentração.

Taquari: *Existem saídas?*

Pondé: Um problema da inteligência pública, incluindo a maior parte dos jornalistas, é entender que muitas das questões existentes hoje no mundo não têm solução. Defender a simples entrada de imigrantes ilegais na Europa também não é a solução. A população prejudicada — aqueles que disputam empregos — vai se posicionar cada vez mais contra isso. Ela não aceita a ideia de que a França pode se tornar um país muçulmano.

Ao mesmo tempo, se forem adotadas políticas duras de exceção e começarem a concentrar essa população para mandar de volta a seus países de origem, imagine a violência que isso iria significar. Estamos acostumados na vida com situações que não têm solução, mas em política queremos soluções evidentes.

Taquari: *A solução estaria na política?*

Pondé: Desde a Revolução Francesa, a política se oferece como solução para o mundo, mas não é. Ela pode ser necessária. Não existe sociedade sem política. A democracia é o melhor sistema, porque divide os poderes, quando funciona bem. No Brasil, não funciona bem. No caso da imigração, é preciso ir *coping* (levando) como dizem os americanos. Quem vai dizer que o Brasil é um país que tem solução hoje? Que a criminalidade no Rio de Janeiro tem solução ou em São Paulo? Qual é a solução para a Cracolandia? Deixar que eles fiquem lá, crescendo, destruindo a vida dos comerciantes, inviabilizando o convívio naquela região? Ou, pegá-los à força, colocá-los dentro de caminhões e mandá-los para alguma região desabitada? Não tem solução. Isso é péssimo, mas não tem.

Taquari: *Um Estado mínimo, que não interfira na vida das pessoas, é um sinal de avanço?*

Pondé: A direita no século XX a partir dos anos 1980, que é aquela associada a figuras como Margaret Thatcher e Ronald Reagan, não é chamada de extrema-direita. Ainda não tiveram a petulância para isso. Ambos eram claramente a favor do que passou a se chamar de neoliberalismo. Essa é uma direita a favor de um Estado mínimo, diminuição dos direitos trabalhistas. Direito trabalhista é muito bom. No Brasil existe, mas eu não conheço nenhum americano que tente imigrar ilegalmente para o Brasil. O contrário tem todo dia. Nos Estados Unidos, não existe direito trabalhista, nem mesmo em relação à férias. Tudo tem que ser negociado com o empregador. Ele pode demitir você em dois minutos. Mas você arranja outro emprego fácil na esquina. Os salários, para determinadas categorias, são pagos a cada semana. Não tem licença maternidade, nada. No entanto, milhares de pessoas, a cada ano, tentam entrar nos EUA, ilegalmente, incluindo mulheres. Não se trata de entrar no mérito de dizer que é melhor não ter direitos trabalhistas. No Brasil, uma sociedade historicamente violenta na relação entre capital e trabalho, sem direito trabalhista, seria complicado. Mas, sem dúvida, numa economia potente como a americana, os direitos trabalhistas não significam nada. A economia cresce. Uma pessoa perde o emprego aqui, arranja outro lá.

Se alguém perguntar a uma pessoa de esquerda: Me explica porque não tem nenhum americano tentando entrar ilegalmente no Brasil, se aqui existe direito trabalhista, enquanto tem milhares e milhares de brasileiros ilegais querendo viver nos EUA, onde eles não terão qualquer direito trabalhista — inclusive para mulheres em relação à maternidade? — provavelmente, não terá uma resposta. Então, são questões concretas que simplesmente se pula.

Taquari: *Como você vê essa dicotomia entre direita e esquerda, não apenas no Brasil, mas também na Europa?*

Pondé: O mais interessante hoje é a discussão que vem da França, que analisa os chamados progressistas – uma expressão que eu duvido muito, virou uma grife, porque a maioria é de canalhas — e antimodernos. Na França, a palavra se refere a intelectuais ou pessoas que olham para a modernidade de forma muito crítica.

Por exemplo, a modernidade destruiu a família. A família não é perfeita. Nunca foi e nunca será. Mas, ao destruir a família, destruiu o ambiente mínimo em que uma criança poderia ter a chance de ser criada por uma mãe razoável. E um pai razoável. Transformou o marido, o pai, no patriarca machista, opressor, desgraçado e não confiável. Transformou a mãe em alguém que deve aderir ao feminismo e odiar a família.

A modernidade levou as mulheres à conclusão de que ter filhos é um péssimo negócio. Isso já chegou no Brasil, um país que envelheceu e não enriqueceu. Ou seja, está no buraco porque pessoas mais velhas produzem menos e custam mais caro. Basta olhar o custo do seguro saúde para a empresa. Jovens produzem mais e custam mais barato. O número de jovens no Brasil é cada vez menor, como em vários países do mundo.

Então, hoje é mais interessante a discussão entre progressistas ou modernistas, ou aqueles que se dizem pró-modernidade de forma cega. Os antimodernistas descendem diretamente do olhar crítico à modernidade que o romantismo tinha, na sua origem.

Taquari: *A quem interessa essa polarização observada atualmente? Jogar uns contra os outros é uma tática já utilizada em outros tempos?*

Pondé: A polarização aconteceu, por exemplo, na Rússia. No final do século XIX e começo do século XX, a política russa estava bastante polarizada. Vejamos a Rússia na Primeira Guerra. Os bolcheviques defendiam a saída da Rússia da guerra e um acordo de paz, em separado, com a Alemanha. E eles realmente cumpriram a promessa ao fazerem a revolução. Os bolcheviques acusavam os czaristas, a burguesia e os aristocratas de serem pró-guerra, de continuarem querendo que os filhos da população pobre morressem na guerra — que era um grosso modo de se referirem ao que eu hoje chamaria de direita.

O fato é que a Rússia estava perdendo para a Alemanha e o Império Austro-Húngaro, no front oriental da guerra para os europeus e no front ocidental para os russos. Os bolcheviques acusavam o Czar Nicolau II — que era uma besta, sem dúvida nenhuma — de ser um agente alemão. Na verdade, a família Romanov, do czar, assume a monarquia russa em 1613. O primeiro Romanov, Mikhail, era alemão. Ele russificou a família, mas o fato é que a realeza russa, até 1917, era racialmente alemã. Todos eles. O imperador austro-húngaro e o rei da Inglaterra eram todos primos. Era uma guerra entre primos. O primo kaiser, o primo czar, o primo rei britânico. Todos parentes. O austríaco era um parente mais distante. Os ingleses também inglesaram o nome. Então, os bolcheviques acusavam a família Romanov, a aristocracia e Nicolau II de serem agentes alemães e isso pegou. A direita russa acusava os bolcheviques de quererem fazer um acordo à parte com os alemães porque eles eram pró-alemães e muitos eram alemães ou judeus, e muitos eram judeus, como o próprio Trotsky. Então, ficava essa acusação e isso servia para produzir fidelidades. E os russos falavam em polarização mesmo.

Taquari: *Qual é o papel das redes sociais na polarização?*

Pondé: A polarização política atual é um fenômeno muito ligado à emergência das redes sociais. As redes produziram uma polarização muito clara, porque os seres humanos são facilmente "polarizáveis". A polarização implica estupidez crassa que reina na maior parte da humanidade. Pouco conhecimento, pouco repertório. Política é um tema que ninguém entende plenamente.

Há um conceito na Ciência Política atual que é Cognição Política. Aqui no Brasil fala-se muito pouco disso, *Political Cognition*, da chamada Ciência Política Empírica. Esse conceito significa o seguinte: ninguém tem cognição suficiente para entender como funciona plenamente a política. São muitas as variáveis, muitos jogos escondidos e os próprios atores políticos, compreendidos como políticos profissionais, eles mesmos estão inseridos numa rede de relações que ultrapassa e toca quase a contingência. Uma hora estão a favor disso. De repente, por uma questão de interesse, vira para o outro lado. Veja o caso do Alckmin, por exemplo. Inimigo mortal do PT. Desapareceu, virou pó e, de repente, o Lula vai lá e o tira do ostracismo. Então, ele vira a favor do Lula. Entra no papo de que o Lula salva a democracia e, de fato, em 2022, o país estava mesmo numa merda total. O PT conseguiu vender a ideia, não sem alguma razão, de que a gangue petista era menos horrorosa do que o bolsonarismo naquela hora. Então, a polarização, na realidade, vai se fortalecendo porque dá voz ao que o Umberto Eco chamava de imbecis. Não estou dizendo que todos que falam nas redes sociais são imbecis. Mas tem uma massa ali. São os idiotas, segundo Nelson Rodrigues. Nelson dizia que a democracia levou os idiotas a descobrirem que são maioria.

Taquari: *Essa questão já era discutida nos Estados Unidos há muito tempo?*

Pondé: Isso já era discutido entre os federalistas, nos Estados Unidos, no final do século XVIII. Eles já discutiam o que chamavam de "efeito rebanho". É daí que vem o Colégio Eleitoral americano, da ideia de que há pessoas mais capacitadas para tomar a decisão final. Por isso, o voto lá é indireto, de certa forma. O voto direto é para eleger o número de delegados daquele Estado. Mas o delegado é livre, em tese. Ele pode ser eleito para votar em A e decidir votar em B.

A polarização é uma espécie de condição natural do ser humano. Seja nas relações amorosas ou na política. E na política é mais explosivo, porque acaba envolvendo muitas pessoas. Como entre as pessoas que se dedicam a estudar política e entender do assunto não têm cognição suficiente para dar conta de tudo que vai acontecendo, a população, o senso comum, essa tem uma ideia e meia, um acesso e meio.

A tendência natural, na falta de cognição política, em qualquer nível de formação, é recorrer à adesão pelo viés. Isso acontece entre jornalistas e professores universitários. A pessoa adere pelo viés. "Eu sou petista, eu sou bolsonarista". Então, o gap da cognição, do conhecimento, o viés ideológico aparece como salvação da lavoura de opiniões. E esse viés faz o cimento. E então a pessoa adere a um partido ou a uma posição política específica. O resultado é que a polarização segue o que parece ser uma tendência natural do comportamento humano. Mesmo que a pessoa tenha um repertório alto, como no caso de alguém que circula na inteligência pública, seja professor, acadêmico, intelectual, jornalista, com um repertório acima da média, ela continua submetida ao viés. Há adesão também por paixão, por simpatia. Mesmo nesse nível existe o viés. Também polariza. Mas, nesse nível, como as pessoas comem de garfo e faca, a polarização ocorre no escuro, no fundo do palco. Segue caminhos mais oblíquos. É preciso manter uma certa decência diante das câmeras. Tem que produzir algum tipo de argumento, onde a polarização não apareça. As pessoas comuns não estão nem aí para isso. Não vivem disso, não trabalham com isso. Não têm que parecer imparcial.

Taquari: *De certa forma, as redes lembram as antigas assembleias de classe?*

Pondé: Hoje, a polarização se transformou num instrumento de sobrevivência eleitoral. Se vai mudar, eu duvido. As redes sociais dificilmente comportam discussões que envolvam nuances. Nas assembleias de classe, era tudo manobrado. A plenária manobrava para que todos que não estivessem a seu favor fossem embora. Eu enfrentei isso em duas greves. Uma na Medicina, outra na Filosofia. Uma na Universidade Federal da Bahia e outra na Universidade de São Paulo. Na Federal da Bahia foi pior ainda, era greve de alunos. A assembleia levava horas. Quem não era um vagabundo, que podia ficar lá o tempo todo, ia embora.

E aí, na hora de votar, só votavam aqueles que pensavam como os integrantes da Plenária.

Taquari: *O STF hoje perdeu o sentido de Corte Suprema? Estaria mais para uma atuação à serviço de certas causas?*

Pondé: O Supremo, no Brasil, além de um certo alinhamento ideológico é oportunista. E isso é um problema. Nos Estados Unidos, na Corte Suprema, tudo é muito claro. Juiz tal é progressista. *Justice* tal (como eles chamam) é conservador. O outro, progressista. Isso é claro. O que significa, por exemplo, que se pode prever de alguma forma certas decisões, mas não com certeza absoluta, é óbvio. Nos Estados Unidos tudo isso é muito claro. Lá, o *lobby* é oficial. Aqui não é, mas existe. Lá é uma profissão.

No Brasil, houve indicações no período do governo Bolsonaro, como o André Mendonça e o Kassio Nunes Marques, que têm uma aproximação ideológica clara com o bolsonarismo. Hoje, temos como últimos indicados, por exemplo, o Cristiano Zanin, ex-advogado de Lula e Flávio Dino, aliado inconteste pessoal e ideológico do Lula. Se Zanin foi advogado do Lula, alguma simpatia pelo Lula ele tem, é óbvio. O Dino é claramente uma adesão por amizade e por ideologia. O Dino é uma figura que, pelo perfil atual do STF, é possível que dê para "apostar" que vote à esquerda.

Tem figuras como o Edson Fachin, que também tem histórico associado ao PT. O Barroso que é sabidamente um ministro simpático à ideia de um certo ativismo jurídico, de que o STF deve avançar na direção de temas que o Legislativo não pauta, até por questões ideológicas. Sabemos o que fez a Rosa Weber antes de deixar a presidência do STF, pautando temas explosivos, como a legalização de drogas e o aborto. Barroso até colocou uns panos quentes aí. Eu diria que o Barroso tem uma tendência kantiana[4] de esquerda, que implica a ideia de que cabe ao Supremo realizar certos avanços em direção a uma democracia mais plena, envolvendo minorias, esse tipo de discussão. Quando digo kantiano de esquerda, quero dizer que ele não é um autoritário nesse sentido, mas o bolsonarismo, de certa forma, o empurrou a falar frases como: "Derrotamos o bolsonarismo". Nesse pacote, tem situações em que membros do Supremo vão a festas de grandes empresários, eventos no exterior, bancados por empresas brasileiras. Integrantes do Supremo comemoraram a vitória do Lula.

Então, hoje a questão é ver se haverá uma adesão muito clara do Supremo a pautas de esquerda, até o final do governo Lula. Mas, no período em que o Lula estava preso, o Supremo chegou a negar *habeas-corpus* a ele. O Supremo estava indo com a Lava Jato. De repente, a Lava Jato quebrou e o STF recuou completamente, inclusive em decisões monocráticas.

No geral, a impressão que passa é que o Supremo brasileiro é politicamente oportunista, casuístico. Isso faz com que o Supremo brasileiro possa ser mais imprevisível em algumas questões. O problema da decisão monocrática que o Senado põe em questão e, do ponto de vista do equilíbrio dos poderes, com razão — uma vez que o Senado é o poder encarregado de impor um freio ao Supremo — é essencial. Claro que o senado não faz freio ao STF porque os três poderes não funcionam bem no Brasil. Na medida em que a arguição do candidato é combinada com os russos antes, na medida em que o candidato vai almoçar, vai em festas com integrantes do Senado, com a liderança dos partidos antes da arguição, no

---

4. Imannuel Kant (1724 – 1804). Filósofo alemão e um dos principais pensadores do iluminismo. Autor de "Crítica da Razão Pura", defendia a ideia de que a paz pode ser assegurada por meio da democracia universal e da cooperação internacional.

final, tudo acaba em pizza. Todo mundo que é indicado passa. Isso, claramente, não pode funcionar de maneira republicana.

Taquari: *De qualquer forma, é preciso ter uma instância que atue em defesa do respeito à Constituição?*

Pondé: Sem dúvida, ruim com o Supremo, pior sem ele. O STF tem que existir, mesmo que funcione mal, porque faz parte do caráter institucional da democracia. É claro que, se existe a suspeita de que alguns membros do Supremo sejam ideologicamente alinhados com determinado governo e se, em alguns casos, houver suspeitas em relação à corrupção de caráter ou se, às vezes, integrantes do Supremo não agem como deveria ser, ou seja, ter um comportamento adequado, é preciso ter alguma instância que opere a favor do Estado de direito. Esta instância, como dissemos acima, no Brasil, seria o senado, mas...

Ministros do Supremo deveriam ter uma vida próxima a de um monge. O poder que eles têm, os privilégios que eles têm — o judiciário é o poder mais poderoso e mais caro — então, os membros do Supremo deveriam ter uma vida quase monástica. Não ir a determinados eventos sociais. Não dar declarações sobre política, não falar como acham que a sociedade deve ser. Nos últimos dez anos, à medida que foram aparecendo diante das câmeras, eles foram se tornando mais vaidosos. Quando um membro do Supremo tem o poder monocrático de acabar com uma gama de provas, num determinado processo, não pode dar certo. Claro que eles defendem que sem decisões monocráticas a corte não anda. Tem os pedidos de vista, o colegiado, mas ao mesmo tempo, esse tipo de decisão pode proteger o supremo de conflitos de interesses dentro da corte. A gente só poderia ter uma ideia de como o Tribunal poderia funcionar se outros governos conservadores indicassem candidatos nessa linha. Atualmente, só existem dois conservadores.

Taquari: *O alinhamento entre o Supremo e Executivo sempre traz riscos?*

Pondé: O risco é o Supremo ir para o bolso do Executivo. Na Venezuela, em El Salvador e na Turquia, isso aconteceu. E quando o Supremo vai para o bolso do executivo, ou seja, ganha dinheiro e mais privilégios, acabou. Aí não tem chance. O Supremo não pode ter um viés favorável ao Executivo. Mas isso é uma utopia.

Quem chega ao Supremo, na maioria dos países, são pessoas que frequentaram boas escolas e tiveram formação acima da média. Então, imagine um advogado que defendeu o Lula. O Zanin ganhou duas vezes. Ganhou o processo e ganhou com Lula na presidência, porque aí virou ministro do Supremo.

O mesmo problema é discutido na França, nos Estados Unidos e em Israel, lembrando que a elite pensante tende a ser de esquerda no mundo inteiro.

Taquari: *Nos últimos tempos houve muitos exemplos de desvios?*

Pondé: O Supremo é um órgão extremamente importante, mas está sempre meio borrado diante do que seria o ideal. Mas é possível corrigir certas coisas. Um membro do Supremo não pode falar "derrotamos o bolsonarismo". Eu sei o que ele quis dizer, que o bolsonarismo era uma ameaça à democracia. Mas um ministro não pode dizer isso. Afinal, os bolsonaristas eram um grupo legítimo disputando uma eleição. Apesar de serem loucos.

O sistema parlamentarista tem uma fragilidade que o presidencialismo não tem. No sistema parlamentarista o Legislativo é o Executivo. Não são separados. O presidencialismo tem a vantagem de estar separado. Então, o Executivo tem que suar a camisa, como está suando hoje no Brasil, para fazer as coisas passarem. O Legislativo tem seus interesses. Então, o Supremo no Brasil tem extrapolado. Foi importante durante as eleições, mas o Alexandre de Moraes virou um verdadeiro César, fazendo o que quer, mandando prender, mandando calar a boca. Ele chegou mesmo a assumir funções da Polícia Federal e do Ministério Público, processando, mandando investigar, em casos em que ele mesmo era a suposta vítima — como no caso da suposta injúria e violência que ele e sua família teriam sofrido em Roma. A investigação final não pareceu achar nada que comprovasse a acusação.

O Brasil vive hoje próximo de uma censura que emana do Poder Judiciário. Ela está aqui embaixo, nos escalões inferiores. Não precisa do Supremo. Um juiz acaba com uma pessoa com uma canetada. Destrói vidas. Pode ser por interesses escusos, ideológicos, porque, simplesmente, resolveu não prestar muita atenção ao caso, pode ser porque ele tenha simpatia por quem fez a denúncia — pessoa física, categoria profissional, o que for. Mas isso não é só no Brasil. Porém, é fundamental que não se caia em situações como El Salvador ou Venezuela, que os petistas passam a mão na cabeça. Não passam no caso de El Salvador porque o cara é contra a esquerda. Na Turquia, passam a mão na cabeça porque é muçulmano. Então, significa que é "vítima" do Ocidente". Se um governo manobra o Supremo para ficar a seu favor, aí a democracia vai para o espaço mesmo.

Capítulo 4

DE MORDAÇAS E CENSURAS

Taquari: *Nelson Rodrigues continua extremamente atual. Mas, se vivo fosse, hoje seria atacado pelas patrulhas com mais virulência do que foi no passado?*

Pondé: Nelson Rodrigues é um caso de apagamento claro. As editoras não querem publicar e, praticamente, não há teses sobre ele nas universidades. Como se apaga uma pessoa? Cancelar todo mundo sabe. O cancelamento é uma ação muito utilizada em redes sociais. Mas também pode ocorrer de outras formas. Jornais podem sofrer pressão de patrocinadores. Por exemplo, o colunista de um grande jornal deu declaração a outro veículo para o qual ele não trabalhava. Essa declaração sofreu um cancelamento nas redes sociais bastante forte e o jornal onde ele assina a coluna — que não é de São Paulo — sofreu pressão de patrocinador para demiti-lo. Esse é apenas um exemplo, entre outros. Hoje, sabemos muito bem que o *branding*[1] é uma forma de censura. Aquilo que chamamos de censura líquida, que vem de todos os lados. Entre outros, do mercado e do judiciário.

O apagamento que Nelson Rodrigues sofre é um pouco diferente e mais sério. O cancelamento vai e volta, porque a pessoa está

---

1. *Branding* — Conjunto de ações destinadas a gerar valor e garantir credibilidade a uma marca.

viva. Ela está cancelada hoje, mas amanhã já não estará. Isso acontece com frequência, com muitas pessoas — incluindo celebridades — que não tem conteúdo algum. Mas essa ação também alcança pessoas de conteúdo. Já o apagamento incide sobre a memória da pessoa. Hoje, Nelson sofreria cancelamento continuamente, além de processos judiciais. Nelson Rodrigues não existiria hoje. Assim como Paulo Francis, vem sendo apagado. Mas Nelson, como tem uma obra muito maior do que o Francis, em termos de contribuição à produção cultural brasileira, resiste mais ao apagamento. Ponto. Se estivesse vivo, ele não teria emprego, teria sofrido processos, estaria na miséria, não iria para lugar nenhum.

O apagamento pode começar em vida, tornando invisível a produção da pessoa. As editoras não querem publicar. Um dos mercados mais enviesados no Brasil é o mercado editorial. Super enviesado. Todas as editoras consideradas *hype*, no Brasil, são completamente enviesadas à esquerda. Então, o que acontece? O apagamento da obra intelectual de uma pessoa começa pela perda de espaço na mídia. Não tem resenhas de suas obras, não tem espaço nas editoras. O editor tem que ser alguém que goste muito do trabalho da pessoa ou que não tem vínculo ideológico e publica a partir do que ele gosta ou não gosta, contanto que ache vendável. Mas esses são raros. Então, o apagamento começa em vida para garantir que, quando a pessoa morrer, ela desapareça da memória cultural. E, com o viés à esquerda do mercado editorial, com raras exceções, o resultado é que a consequência desse apagamento em vida é o desaparecimento depois de morto. Após a morte, a memória da pessoa depende daqueles que atuam nas universidades, nas redações, que escolhem pautas, que produzem programas de televisão, de rádio ou podcast. O podcast ainda é mais plural do que os outros veículos. Muito mais.

Taquari: *As redes sociais ainda oferecem algum espaço para a diversidade de opiniões. Mas isso pode acabar?*

Pondé: As redes sociais têm um monte de problemas, de lixo, de idiotas fazendo comentários. Mas elas ainda são muito mais abertas à pluralidade de opiniões. É por isso que, tanto o governo do PT quanto o poder judiciário mais alto, que tende a ser mais à esquerda, querem tanto regular as redes sociais. E a maior parte dos jornalistas também. Porque elas ainda dão vazão à produção de conteúdo não enviesado à esquerda, incluindo até a extrema-direita. Trata-se de uma mídia muito mais plural. Basta uma pessoa conseguir um microfone, um pequeno equipamento, começar a produzir e de repente, cresce com um grande número de seguidores e é isso que eles querem regular, na verdade. Falam muito da *fake news*, mas o fato é que os bolcheviques usaram *fake news* à larga. Todo mundo sabe disso. Então, por isso que os jornalistas — quase todos — babam com a ideia de regulação das redes sociais. Porque, assim, eles vão poder exercer um controle destrutivo sobre todo o conteúdo que circula nas redes sociais que não seja enviesado à esquerda. Da mesma forma que eles controlam as redações.

Se as redações, as editoras e as universidades não garantem a memória do morto — as últimas, restringindo espaço para a pesquisa de suas obras — o sujeito morre duas vezes. Isso é o que acontece em países como o Brasil, em que a miséria do país aparece inclusive na pobreza intelectual de quase todo o mundo da cultura, que está colado na esquerda, inclusive mamando no dinheiro do Estado. Hoje é o PT mas, amanhã, pode ser qualquer outro partido.

Nelson Rodrigues está nesse lugar. A maior parte das pessoas do mundo acadêmico tem uma visão distorcida do Nelson.

Dizem que ele era pró-tortura, pró-ditadura, reacionário, a favor de mulher ser espancada. Aqui aparece o problema das interpretações. Então, o Nelson hoje corre o risco de deixar de existir enquanto morto.

Taquari: *O pouco espaço que sobrou para Nelson Rodrigues está relacionado com sua obra para o teatro?*

Pondé: O que salva um pouco sua obra é o fato de que ele tem um teatro pungente, uma produção muito forte na dramaturgia. No teatro, ainda existem poucas pessoas que montam as peças dele porque gostam de sua produção. E também porque no teatro sua obra se presta, como já vi muita gente falar e escrever, à ideia de que Nelson fazia uma crítica da família burguesa. Então, assim, ele passa. Mas isso fica claro para quem conhece bem a obra dele, quem leu seus romances, suas crônicas — por exemplo, as crônicas de *A Vida Como Ela É*, aquelas jornalísticas, embora misturassem jornalismo e ficção, e nesse sentido ele era absoluta vanguarda. Nelson não era um repórter, não estava atrás do factual e nem de forma alguma fazendo uma crítica específica à família burguesa. Ele estava, na verdade, criticando a estrutura familiar muito mais na linha do Freud, apesar de que também ironizava o consumo do freudismo. Tem uma passagem no *Boca de Ouro* em que uma grã-fina é louca pelo personagem. Uma hora ele diz:

— Mas, minha filha, você não tem marido não?

— Tenho sim...

— E seu marido deixa você ficar por aí, vindo aqui dar em cima de mim?

— Ah, depois que ele começou a fazer análise, ele deixa tudo...

Isso aparece muitas vezes na obra do Nelson. Ele é um grande crítico dos comportamentos culturais da moda e percebe isso nos anos 1960 e 1970. Ele aponta a moda do desarranjo familiar de forma clara, inclusive, mostrando como, no caso do livro *O Casamento*, em que o pai engravida a filha, as taras sexuais incestuosas permanecem a sombra da ordem social. Existe todo tipo de baixaria na família e, detalhe, não só na família burguesa. Sempre existiu baixaria no convívio entre as pessoas, em todas as classes sociais. Baixaria no sentido em que ele trata: sexo ilegítimo. Ele dizia que a obra dele era sobre amor e morte. Mas, no teatro de hoje no qual, praticamente, todo mundo é de esquerda, enviesar é dizer que Nelson fazia crítica à família burguesa. Nelson percebeu uma coisa muito clara — embora o conceito não existisse na época dele — que são as modas de comportamento. Ele dizia que virou moda nos anos 1960 a grã-fina ser de esquerda, quando, na verdade, ela queria mesmo era só transar com os militantes revolucionários.

Então, Nelson percebeu, antes de todo mundo, que a esquerda, na realidade, era um fetiche. Por isso, ele entrou em conflito com eles. Também identificou, nos anos 1960, o que ele chamava de "razão da idade". Do que se trata? A idade aí é a idade do jovem. Ele se referia ao fato de que os jovens tinham entrado na moda com a contracultura. Portanto, o jovem tinha virado paradigma, critério. Como todo mundo que não mente, a pergunta é: "De que forma o jovem pode ser critério de alguma coisa se ele não sabe nada sobre o mundo e a vida". Não é porque ele tem dano cognitivo, mas porque o jovem acabou de chegar no mundo, ainda não tem experiência.

Taquari: *A repetição é uma técnica utilizada tanto no jornalismo como na ficção?*

Pondé: Nelson Rodrigues se repetia muito, mas todos sabem que jornalismo é redundância. Tem que repetir ideias, frases. Isso porque o leitor é efêmero. O telespectador ainda mais efêmero do que o leitor de jornal impresso. Então, é preciso repetir. Essa é uma ideia que o Otavio[2] falava muito na *Folha*: "Jornalismo é redundância". Tem que repetir a ideia, a frase, voltar ao tema. Se não houver repetição, o leitor, o telespectador não grava. Então, o Nelson manipulava essa técnica de forma brilhante. Por isso que ele se chamava de "Flor da Obsessão"[3], porque ele era obcecado por certos temas aos quais voltava constantemente na sua obra, inclusive nas colunas de jornal. Por isso, ele dizia que uma pessoa só fica de pé por conta de suas repetições, das suas obsessões. Sem isso ela cai. Aí ele vai da técnica jornalística à análise psicológica. Ele faz esse arco. Porque é preciso se repetir no jornalismo? Porque, além do leitor ser efêmero, a capacidade das pessoas de permanecerem de pé também é efêmera. Para uma pessoa conseguir se constituir, ter algum núcleo duro na personalidade que a mantenha ao longo da vida, depende de duas ou três obsessões, como dizia Nelson.

Uma cena típica, repetida de formas variadas, é essa: o filho maconheiro, que tem um monte de amigos maconheiros — o Nelson percebeu que a contracultura era uma grande canalhice. Ele percebeu isso no Brasil. Nos Estados Unidos, outros perceberam. Mas aqui no Brasil ele foi um dos primeiros a enxergar isso. O pessoal da contracultura inventou a preguiça como forma de protesto político. A vagabundagem como crítica moral. Foi isso que os hippies fizeram. Então, o filho maconheiro da família grã--fina carioca — que o Nelson dizia que era tudo falso, porque o dinheiro estava todo em São Paulo — e seus amigos em casa,

---

2. Otavio Frias Filho (1957 – 2018). Jornalista, foi diretor de redação da *Folha de São Paulo* e Diretor Editorial do Grupo Folha.

3. Flor de obsessão – A Companhia das Letras publicou, em 1997, um livro com esse título, reunindo frases compiladas pelo jornalista e escritor Ruy Castro, para quem Nelson Rodrigues era o maior frasista na história da língua portuguesa.

estavam fazendo uma bagunça. O pai fica revoltado com aquilo tudo, o filho quebra a cara do pai e a mãe entra em êxtase querendo fumar maconha junto ao filho, e falando como ele era maravilhoso e revolucionário porque quebrou a cara do pai. Então, essa cena é digna de uma Cassandra[4], a profetisa troiana-grega. Ele previu, dentro da forma dramática que caracterizava a obra de Nelson, a utilizar uma técnica que não inventou, a chamada técnica hiperbólica, que o culto do jovem seria uma tragédia familiar, escolar, política e social. A obra dele tem essa característica hiperbólica. Ele exagera para deixar claro o que quer mostrar, embora esse exagero não signifique que acontece tudo aquilo. Esse é um caso claro. Nem todo filho é maconheiro e quebra a cara do pai. Mas, naquela cena, que ele repete várias vezes, fica claro que há um processo de completa deslegitimação da autoridade dentro da família, do respeito, do fato de que o pai ou a mãe, devem ser respeitados, enquanto uma filha ou um filho irresponsável estavam na moda da contracultura. Não há como voltar atrás porque o capitalismo e as modas de consumo de comportamento dependem dos jovens como realização do presente e do futuro.

Taquari: *Apesar de toda a riqueza e das nuances na obra de Nelson Rodrigues, ela é pouco estudada?*
Pondé: Hoje não há quase nenhuma tese sobre o Nelson.

Taquari: *Nelson Rodrigues se dizia a "flor da obsessão", por quê?*
Pondé: Porque ele repetia temas. Uma situação que o Nelson discutia muito era a do cara que perde a cabeça por uma amante e vai embora com ela. Mas a amante não o suporta e ele volta para casa porque, segundo Nelson, "só a esposa suporta uma boca sem dentes".

---

4. Cassandra — Profetisa na mitologia grega, que recebeu esse dom do deus Apolo.

A amante não suporta o sujeito porque ela quer diversão, dinheiro, beleza, enquanto o convívio ao longo do tempo faz com que as coisas se acomodem. As feministas enxergam isso como uma opressão sobre a mulher. Até é possível compreender esse entendimento. Mas, no momento em que a estrutura familiar vai desaparecendo, qual é a consequência? Os próprios jovens não querem ter filhos. Hoje, isso é um fato. E a imprensa está começando a dar atenção a isso. Ainda tem umas feministas idiotas que acham que isso é porque a mulher não é respeitada no trabalho, blá, blá, blá... Percebi, desde 2010, que a natalidade despencava no Brasil em regiões modernizadas, quando passei a comparar a situação da mulher religiosa e da secular. Minha cadeira na PUC era "Filosofia da Religião", então, passei a comparar as análises demográficas entre mulheres de adesão religiosa estrita, e as mulheres seculares. Entre essas últimas, a fertilidade vem despencando há muito tempo. Há momentos de queda de fertilidade ao longo da história da humanidade. Normalmente, isso está associado ao enriquecimento. Fertilidade não cai durante guerras. As pessoas continuam fazendo filhos. Mas a queda agora é mais sustentada e não deve mudar nas próximas décadas. Filhos viraram sinistros.

Mas hoje, com o enriquecimento social em muitas sociedades, inclusive no Brasil, a fertilidade despenca porque a mulher quer cuidar da vida dela. Os jovens, em geral, hoje em dia, tanto meninos quanto meninas pensam muito antes de ter filhos. Eles inventam histórias. Dizem que o mundo tem muita gente, tem desigualdade social. Mas, no fundo, no fundo, o que eles não querem é que encham o saco deles. E criança enche o saco. Dizem por aí — e eu acho que é verdade — em matéria de filhos, o mais difícil são os primeiros 40 anos... Depois dos primeiros 40 anos, pode ser que as coisas mudem... Por exemplo, um clichê é: casa, separa, tem filho, cai no colo dos pais. Ainda mais hoje que tem todo esse problema de trabalho, o mercado é mais volátil, a dependência financeira de pais se mantem durante muito tempo. Porque muitos não têm uma condição sólida. O Bauman já escreveu sobre isso.

Nelson tem uma história sobre um sujeito muito bonito, vagabundo, que não trabalhava, casado e sustentado pelo sogro. Nelson dizia que o segredo de um casamento feliz é uma cunhada mais jovem... Quem é capaz de enfrentar uma afirmação dessa sobre a natureza humana? Tem essa história do cara jovem, vagabundo, que passava o tempo jogando bilhar. Ele tinha um amigo, também vagabundo, que lhe faz uma proposta: "Eu conheço umas viúvas, grã-finas, que dariam uma grana para ter um amante jovem e bonito como você. Vamos rachar. Cinquenta/cinquenta. Eu agencio você, te apresento para as grã-finas, você vira amante delas — hoje se chamaria um *sugar boy* — você vai lá, transa com elas, vira amante, elas te pagam e a gente racha". Como ainda vivia com os pais, e seu pai vivia cobrando para que ele arranjasse trabalho, ele acaba topando. E aí ele começa a ter dinheiro e o pai pergunta: "Onde você está arrumando esse dinheiro, você está roubando?" Ele responde que está trabalhando. Então, ele se apaixona por uma das grã-finas. Ambos se apaixonam. Num dado momento, na hora do pagamento, ela faz o cheque e ele o rasga. Ele faz isso porque está apaixonado e não quer mais receber para transar com ela. Diante do ato dele, apesar de que ela também o amar, ela o manda embora e nunca mais o aceita. Por quê?

Isso é um tema para a mais profunda análise. Nelson sabia que têm pessoas que não suportam uma relação de paixão. Não suportam a dependência. Preferem pagar por sexo e amor, em alguns momentos, do que estabelecer uma relação que não é paga. Aqui está um entendimento da natureza humana raro, que lembra uma cena de *Poderoso Chefão 2*, que é outro grande momento de análise da natureza humana. O Michael Corleone está em Cuba, em meio à revolução cubana. Ao comentar a luta entre o exército do Batista e as tropas da revolução, ele pergunta para turma da máfia e do governo corrupto com quem ele convivia, se aquilo não ficava muito caro e quem estava financiando os revolucionários. Então, um deles responde que os combatentes da revolução não recebiam pagamentos. Eles lutavam de graça porque acreditavam na causa. Então, o Michael responde: "Mas esse é o tipo de gente mais perigosa que existe. Que não faz por dinheiro".

É outro território, mas está em jogo a mesma questão. Não existe relação mais incontrolável do que a relação por amor. Seja por uma pessoa, seja por uma causa. Quando a pessoa faz algo porque é paga, há algum controle. Essa relação segue as leis de mercado. Mas, quando elas saem das leis de mercado, não existe qualquer controle.

Taquari: *Existe alguma comparação possível entre o jovem de hoje e aquele de 20/30 anos atrás?*

Pondé: Eu parei de discutir Nelson Rodrigues em sala de aula porque o jovem de hoje, de 18/20 anos, é muito mais incapaz do que o jovem de duas décadas atrás. Aquele jovem de décadas atrás era, de longe, mais preparado do que o de hoje. Ele aguentava a discussão, tinha mais repertório e conseguia fazer mais associações de ideias. Tinha mais noção da realidade. Hoje em dia, o jovem de 18 ou 19 anos é quase um incapaz, no sentido de não entender questões e de não ter uma percepção da realidade. Primeiro, porque ele está destruído pelas redes sociais. E, segundo, porque os pais também são despreparados.

Durante uma aula em que eu falava sobre literatura russa, mencionei que um dos principais autores russos tinha sido preso na Sibéria. Me referia a Dostoiévski. E percebi que os alunos não sabiam o que é Sibéria. Não é que não sabiam onde fica. Não sabiam o que é. Já encontrei alunos que não sabem o que é Shakespeare. Não quem é. O que é??? Alguém pode não saber de onde ele era, nunca ter lido — muito provável entre os jovens — mas o que é Shakespeare??? Uma estação de metrô, uma cidade, uma pessoa, o que é??

O fato é que se alguém tentar discutir Nelson Rodrigues hoje, com os jovens, vai perceber que eles são muito desvitalizados — qualquer professor que não seja mentiroso sabe disso. O jovem hoje tem dificuldade de manter desejos. Ele não tem desejo. Tudo ficou politizado. A politização do corpo, na verdade, significa um corpo morto, sem desejo. Então, uma pessoa que não entende desejo não entende Nelson Rodrigues. Quem não tem desejos, quem nunca se viu diante do abismo por conta de desejos, quem nunca cometeu erros por causa de desejos, quem nunca ficou confuso moralmente por causa de desejos, não entende Nelson Rodrigues.

Então, hoje, os meninos não abrem a boca, são quase zumbis. As meninas ainda se manifestam mais, embora quase sempre na plataforma feminista. O feminismo acabou com as meninas. Acabou. Elas viraram espantalhos ideológicos. Então, esses jovens não vão conseguir nunca entender Nelson Rodrigues.

Como vão entender uma personagem como o no *Asfalto Selvagem*? A história de uma família capixaba — que como todos os capixabas queriam ser cariocas — que vai para o Rio de Janeiro. A personagem principal tem seios tão bonitos que a vida dela é uma tragédia. Os seios são tão bonitos que ela só consegue transar no escuro. Ela tem medo que os homens vejam seus seios. Também tinha medo que as filhas nascessem com seios tão bonitos. A beleza feminina é uma maldição. Por isso, hoje estão querendo acabar com ela, plastificando as caras. As mulheres estão ficando todas com a mesma cara, fazendo plásticas porque não suportam o envelhecimento. Ao mesmo tempo, existe todo esse discurso... mesmo as bonitas não conseguem lidar com a beleza e fazem coisas ridículas pra tentarem mostrar que são inteligentes. Nelson sabia muito bem que a inteligência feminina nunca foi um marcador do interesse masculino sobre a mulher. Nunca foi. Pode vir a ser num relacionamento mais longo quando, de fato, pode se transformar num marcador importante.

As mulheres erotizam o intelecto masculino, se apaixonam. Por isso, é comum as alunas se apaixonarem por professores. As mulheres se apaixonam pelo escritor famoso, pelo cineasta. Ao contrário, o homem não erotiza o intelecto da mulher. Ele só erotiza o corpo, a graça dela, o humor que ela tem. A mulher também erotiza o humor masculino. Então, os meninos não conseguem nem erotizar as meninas hoje em dia.

Qualquer atitude dos meninos hoje, já é vista como sendo machistas, sexistas, opressores. Eles têm que desenvolver novas masculinidades, como dizem por aí. Mas isso não tem nada de masculinidade.

Então, como Nelson dizia ao ironizar os países da Escandinávia: "O culpado de tudo é o progresso, o desenvolvimento. Na Escandinávia, agora as pessoas são obrigadas a fazer sexo nos parques, para provar que são livres". Nelson percebeu a moda de tentar descomplicar o sexo. Por isso, ele era contra a educação sexual nas escolas.

Taquari: *Entre os temas abordados em suas colunas, quais são aqueles que provocam mais irritação?*

Pondé: Entre as colunas que escrevo um dos temas que geram mais ódio são aqueles em que critico a educação sexual nas escolas. Nelson criticava por uma razão muito simples. Primeiro, porque ele desconfiava de gente que tem como profissão ficar falando de sexo para crianças. Segundo, porque ele entendia que o tratamento científico do sexo vai comparar o sexo humano ao dos gatos, "que fazem sexo nos telhados", como ele escrevia. O cara era um gênio!

Nelson costumava contar que um dia o levaram à PUC. Ele tinha horror à PUC do Rio de Janeiro. Tudo que acontecia de ruim, segundo ele, era na PUC-RJ. O padre da PUC, a aluna de jornalismo da PUC, que ficava andando pela redação com o calcanhar sujo. A estagiária de jornalismo da PUC que ficava o tempo todo tirando lêndeas da cabeça de seu namorado, também estagiário de jornalismo da PUC. Mandavam a foca fazer uma matéria e, então, ela ligava para o Dr. Fulano pra saber qual era a opinião dele sobre a pílula, um tema que interessava a ela. Então, Nelson descreve o seguinte diálogo:

— O Dr. Fulano não pode falar agora ao telefone.

— Mas eu queria saber a opinião dele sobre a pílula.

— Mas agora não é uma boa hora.

— Mas eu queria saber a opinião dele sobre a pílula.

Até que a pessoa do outro lado da linha dizia:

— Mas o Dr. Fulano acabou de sofrer um enfarte.

E a estagiária respondia:

— Mas eu só quero saber a opinião dele sobre a pílula...

Uma vez eu citei Nelson numa coluna, que nem era sobre ele. Isso há muitos anos. Era sobre uma montagem de *O Estrangeiro*[5], aqui em São Paulo. O tema da coluna era a posição de Meursault, o personagem de Camus na peça. Num dado momento, ele já está preso e vai ser morto. O capelão da prisão vai lá tentar convencê-lo a pedir perdão e mostrar arrependimento. Mostra o Cristo e diz que, diante da pena de morte, é preciso pedir perdão. E Meursault responde algo assim: "Nada do que você está falando vale o fio do cabelo de uma mulher". Camus era um estetizante, alguém que, quando você pergunta qual é o sentido da vida, responde: o gosto. Uma das características dos autores estetizantes é gostar de mulher. Gostar de sexo. As mulheres nas obras do Camus estão sempre com vestido molhado, mergulhando no mar de Argel, lugar de seu nascimento e onde se passa a história.

E aí eu citava uma coluna do Nelson famosa, em que ele falava sobre a peça *Vestido de Noiva*. A peça tem uma personagem que é uma prostituta francesa. Ele estava fazendo teste de atriz para a peça e conta como era impressionante o fato de que todas as atrizes queriam fazer a prostituta. É uma passagem famosa, que ele cita numa crônica. E ele diz: "Todas as atrizes queriam ser a prostituta". Aí ele entra na hipérbole: "Toda dona de casa queria fazer a prostituta. Toda professora queria fazer a prostituta". Depois, ele diz assim: "Porque a prostituição não é a primeira profissão da mulher. É a primeira vocação da mulher". Olha aí a hipérbole. Ele não está falando que toda mulher é prostituta, o que seria uma afirmação absurda. O que ele percebe ao ver que todas as atrizes queriam fazer aquela personagem é como a figura da prostituta tem a ver com uma certa liberação do desejo feminino e que está

---

5. *O Estrangeiro* – Livro de 1942, do autor francês Albert Camus (1913 – 1960), considerado um clássico da literatura do século XX.

na fantasia de muitas mulheres. Tanto é que as fantasias, como os palavrões, os termos que se usa durante o sexo, que remetem a esse tipo de comportamento "imoral" ou "amoral", descrevem um comportamento promíscuo da mulher. Então, na coluna sobre o Camus, eu fiz essa citação do Nelson e a *Folha* publicou na sexta-feira — minha coluna sai às segundas — na primeira página na Ilustrada, comentando a recepção da coluna pelos leitores — não existiam as redes sociais ainda. Gente famosinha participou de um abaixo-assinado para me demitir. Paulo Francis dizia que só escreve para jornal quem é maluco. Eu continuo pensando do mesmo jeito. Não é à toa que os comentários são como são nas redes sociais, nos jornais ou na televisão. Só maluco.

Foi uma violência a recepção daquela coluna. Entrevistaram o Antunes Filho para avaliar o que eu tinha mencionado, que estava no texto do Nelson. Uma das jornalistas da Ilustrada me ligou pedindo informações sobre a coluna. Eu passei a data, que era de maio de 1967. Passei até o título da coluna, que era uma das inúmeras que ele escreveu sobre Vestido de Noiva. Entrevistaram o Antunes, o Rui Castro e a Gabriela Leite, a ex-prostituta, que deixou a profissão e criou a marca de roupas chamada Daspu. O Antunes analisou a prostituta enquanto arquétipo. O Ruy avaliou a personagem sob outra perspectiva. Mas a fundadora da Daspu foi a única que disse claramente: "O Nelson tem razão e o Pondé também". Curto e grosso.

Uma afirmação como essa me faz lembrar que, após 15 anos assinando a coluna da *Folha* toda segunda-feira — mesmo durante as férias, quando continuo escrevendo —, o que escrevi há 15 anos não poderia ser escrito hoje. Essa coluna, que deve ser de 2011/2012, hoje eu definitivamente não poderia publicar de jeito nenhum.

Taquari: *Vivemos num mundo de censura, de mordaça digital?*

Pondé: Cada vez pior. No caso do Brasil, vemos todo esse movimento para regular as redes sociais, os processos que as pessoas sofrem porque escrevem isso ou aquilo em algum jornal ou nas redes. Essas pessoas que trabalham em mídia, ninguém fica rico fazendo esse tipo de trabalho, ficam expostas. Diante de um processo desses a pessoa pode até ganhar, mas ela vai gastar milhares de reais com advogados. Isso acaba com a vida de alguém.

Taquari: *A ideia de impor censura à imprensa já era considerada inadmissível nos Estados Unidos há séculos?*

Pondé: Tem um texto do James Madison, um dos autores do volume "Federalistas", que trata do assunto. Em 1800, ele escreveu um artigo — não naquela coletânea — em que ataca uma proposta apresentada no legislativo que defendia o direito de censura a conteúdo da imprensa. Essa lei não teve fôlego, depois que Madison mostrou como ela era inconstitucional. Um texto brilhante. Era um período eleitoral e ele alertava como essa lei, se fosse aprovada, iria atrapalhar as eleições, porque as pessoas iriam ficar com medo, incluindo os jornalistas e a opinião pública, com receio de serem processadas. Porque não teriam liberdade de falar o que quisessem. E a lei caiu. Isso em 1800!!! Ainda resta um pouco desse pensamento nos Estados Unidos. Apesar de que, mesmo lá, se dependesse de algumas pessoas, já teriam acabado com a liberdade de imprensa. Esse texto do Madison deveria ser mandado para o STF. Eu aposto que a imensa maioria de quem trabalha com mídia e no poder judiciário nunca o leu. Nem o "Federalistas", quanto mais esse texto que não discute a Federação, a União e a autonomia dos Estados.

Esse texto é absolutamente contemporâneo. Podia ser discutido hoje na imprensa brasileira e mundial. A pauta seria: Como, em

1800, um intelectual americano fundamental —James Madison, conhecido por quem estuda Ciência Política — se opôs a uma lei que pretendia regular a imprensa nos Estados Unidos e as razões que ele apresentou. No Brasil, um país miserável e pobre, esse tipo de censura é devastador. A pessoa não tem para onde ir. Nos Estados Unidos, alguém derruba uma pessoa aqui, ela muda de estado e segue a vida. Aqui não.

Taquari: *Pode-se dizer que o sectarismo e a indigência mental prevalecem hoje em boa parte do mundo e se espalham, igualmente, entre direita e esquerda?*

Pondé: Acho que sim. Igualmente. Essa indigência mental sempre existiu. Isso nos leva a Nelson, novamente. Numa coluna dele sobre maio de 1968, ele dizia; "Coitado do Sartre. Em meio aos idiotas, tendo que fingir que era idiota para conseguir continuar vivo". Em outra coluna, ele diz que a democracia fez os idiotas perceberem que são maioria. Um dos idiotas que comentam textos na mídia iria achar que essa é uma frase fascista, antidemocrática…

Uma das características da estupidez é a perda da ironia e da nuance. Esse é um dos sintomas claros de que você está diante dela. Sem ironia não há inteligência. Inteligência pública com certeza não há. E o Nelson dizia: "Antes o idiota nascia, crescia, babava na gravata e morria". Imagine se alguém escreve isso hoje…

Então, essa indigência mental, sempre esteve aí. Mas as pessoas estavam ocupadas com o que elas tinham que fazer para viver. Elas não estavam preocupadas em ter opinião sobre coisas que não entendem. Daí vem a indigência mental que vemos nas redes sociais. Tanto à direita quanto à esquerda. Há vários acontecimentos que trazem isso à tona. Nos tempos mais recentes, com a guerra da Rússia e Ucrânia e o conflito entre Israel e Hamas, para ficar em apenas dois. Fazendo uma hipérbole rodrigueana, eu diria que 99% das pessoas que falam sobre esses assuntos não entendem nada. Primeiro porque Rússia e Ucrânia, assim como Israel e Hamas, estão muito longe de questões geopolíticas que envolvem o Brasil. E, depois, porque aqui não existem estudos aprofundados sobre esses dois conflitos, por parte de especialistas, aliás, quase sempre enviesados à esquerda.

No caso da Rússia e da Ucrânia, por exemplo, quando a guerra estourou, tiraram a Rússia do *Swift*[6], o sistema internacional de negociação em dólar. Muita gente por aqui dizia que a Rússia iria quebrar. Mas ela não só não quebrou, como está crescendo economicamente. O PIB continua crescendo. A Rússia forma mais engenheiros do que os Estados Unidos, o que é um indicativo de produção industrial e economia fortes. Desde 2014, quando a Rússia invadiu a Criméia, ela já vinha se preparando para a expulsão do sistema *Swift*. Então, quando ocorreu, em 2022, ela deu uma banana para isso. Entre outras iniciativas, o país criou sistemas internos de cartões de crédito. Por exemplo, o Mir — que em russo significa mundo ou comunidade. Além do fato de que a Rússia se tornou autônoma em recursos, sejam minerais ou alimentos. Quem sabe disso por aqui? Só quem estuda a Rússia. Na Europa se sabe disso. Tem mais gente que sabe. Na Inglaterra, na França, na Alemanha e Estados Unidos existem inúmeros livros publicados que revelam uma Rússia pouco conhecida pela maioria das pessoas.

No caso do conflito entre Israel e Hamas, se eu estou à direita tenho que ser a favor de Israel. Se estou à esquerda eu tenho que ser contra um Israel que não existe, que é o de fascistas, assassinos. Acontece que Israel é uma democracia extremamente ativa,

---

6. *Swift* – Society for Worldwide Interbank Financial Telecommunication. Sistema global que permite a troca de mensagens eletrônicas sobre transações financeiras.

febril. Mas, quem sabe disso? Só quem estuda, quem conhece, quem já morou lá, quem tem vínculos com a produção intelectual do país, com a mídia israelense. As pessoas não sabem o que acontece, mas todo mundo tem opinião.

Então, a indigência mental sempre existiu, mas não era explícita, porque as pessoas não queriam fingir que sabiam de alguma coisa.

Taquari: *A desigualdade, que divide o mundo entre os poucos muito ricos e os pobres, em proporções avassaladoras, é uma das principais causas do fracasso das sociedades. No entanto, em vez de combatê-la de maneira eficaz, o que se vê são políticas populistas, à esquerda e à direita, adotadas por grupos que tentam se perpetuar no poder. Isso passa despercebido pela maioria das pessoas?*

Pondé: Na realidade, a desigualdade acabou sendo produzida porque foi inventada a riqueza em larga escala. O mundo sempre foi pobre. Tem gente que fala que um senador romano usufruía de menos ferramentas do que um morador da favela. É um argumento pobre, idiota. Querem criar a impressão de que, mesmo na favela, estamos melhor hoje. Não há dúvida de que quando aconteceu a revolução industrial, a chegada do capitalismo, teve início a produção de riqueza num nível que não existia. E aí apareceu a desigualdade. Sempre houve no mundo aqueles que tinham mais e os que tinham menos. A escravidão, por exemplo, sempre existiu, porque a única força da época era o músculo humano. Toda vez que se tinha de fazer grandes construções, utilizavam os escravos. Isso aconteceu em todas as civilizações antigas. Na Babilônia, na Grécia, no Egito. Em Roma, um dos principais vetores econômicos era o mercado de escravos. Sempre houve desigualdade social e econômica porque a humanidade, na medida em que foi se expandindo, passou a produzir mais. Fala-se muito que, na pré-história, não havia isso. Não havia porque não existia riqueza. Ninguém tinha nada. Os intelectuais russos, no século XIX, eram apaixonados pelo que eles chamavam de Mir, a comunidade dos camponeses, os mujiques, que viviam em células. Eram servos, praticamente escravos. Eles partilhavam tudo, porque eram muito pobres. Mas os socialistas na Rússia ficavam encantados com aquilo, tanto que o termo populismo foi inventado ali. Populismo foi criado pela esquerda russa e significava a ida ao povo. Ver como o povo vive. Aquilo deu muito errado. Hoje tem outro significado. Eles partilhavam tudo porque não tinham dinheiro, não tinham quase nada. Por isso que havia um socialismo de miséria. Alguns partilhavam inclusive as mulheres. No período Neolítico, antes da agricultura, não havia patrimônio algum. Tudo que eles tinham era uma faca e a roupa do corpo. Quando começa a aparecer alguma forma de patrimônio, aparece a riqueza e também a desigualdade social. Hoje se fala muito disso porque a riqueza está, teoricamente, na mão de todos.

Taquari: *Mas alguns países conseguiram reduzir as desigualdades?*

Pondé: Existem países que produziram uma classe média vasta, como a Suécia. Lá, uma alta elite está no topo há muito tempo. O dinheiro não troca de mãos... Eles são elites há mais de um século. Mas o que acontece lá? Há uma estabilidade social contínua e essa elite aceita pagar impostos altíssimos para garantir uma imensa classe média feliz. Essa classe média não cria distúrbio social, não cria instabilidade e vive numa espécie de aquário pago por esses milionários. Essa é uma saída. Há quem fale de imposto global sobre a riqueza, para tentar cercar os ricos. Imagine o que seria preciso para organizar um imposto global para os ricos? Teria que existir um STF global? Seria uma desgraça. A violência que resultaria disso. A ONU não faz pior porque não tem poder. Então, há uma falta de vontade política, de logística, de viabilidade para levar adiante políticas de redução das desigualdades. A outra solução é a americana. Os EUA têm um mercado tão forte, uma riqueza tão gigantesca, que lá uma pessoa perde o emprego aqui, arranja outro ali. Eles têm uma economia que cresceu há muito tempo. Então, embora ainda exista pobreza, há uma classe média gigantesca. O outro modelo é o escandinavo. A Europa Ocidental se desenvolveu porque os EUA investiram grandes quantias lá, sem esperar retorno, após a Segunda Guerra. Enriqueceram os países para barrar o avanço soviético. Não fosse isso, a Europa toda teria virado comunista. Todos os intelectuais eram comunistas, naquela época. Eles acreditavam na União Soviética porque ela vivia de *fake news*. Interna e externa. Não há nada de novo em *fake news*. Os comunistas as inventaram em larga escala.

Capítulo 5

O CALA BOCA NÃO MORREU

Taquari: *Por que o politicamente correto predomina, na imprensa, nas universidades e outros setores?*

Pondé: Primeiro, tem uma questão que nasceu nos Estados Unidos instaurada na tradição filosófica americana que é o pragmatismo. Isso teve início no século XIX, na virada para o século XX. Trata-se de uma filosofia que crê muito a ideia de que o modo como você fala impacta o gesto e a realidade. Portanto, o que importa é o modo como você fala. Tudo isso está presente no politicamente correto, ainda que normalmente quem o pratica não sabe que, na medida que você vai moldando a linguagem, vai transformando o gesto. Quando você diz, por exemplo, "o futuro é negro", nós, que estamos vivendo no início do século XXI, imediatamente pensamos em uma possível interpretação ligada ao risco de racismo, algo claramente introduzido pelo politicamente correto.

Ao mesmo tempo o politicamente correto, sendo uma derivação da esquerda cultural americana, traz consigo a vocação autoritária. Só que essa vocação autoritária no uso da linguagem já estava presente no fascismo europeu da primeira metade do século XX: "Toda reforma política da linguagem é autoritária."
A discussão sobre a nova linguagem, que o fascismo buscava, já

foi apontada, no mesmo período, pelo próprio Orwell, em *1984*, a Novalíngua, como ele cita no livro. A ideia é que se você tortura a pessoa, ela acabará acreditando que dois mais dois é igual a cinco. Então, todo esse universo está presente no politicamente correto. Na base teórica e histórica do politicamente correto. Associado a isso, do ponto de vista prático, a vocação do politicamente correto é, claramente, autoritária. Então, uma das formas de você manter a pessoa "na linha" é o modo como ela fala.

Na prática, o politicamente correto se transformou num grande *lobby* corporativo institucional, que está nas universidades e na imprensa.

Nos últimos 15 anos, isso se tornou muito claro. Cada vez mais, na imprensa e na mídia em geral, você não pode levantar determinados temas. Hoje, o politicamente correto não está nem mais só nas frases, está no que você pode ou não falar. No que você pode levantar como problema. Claro que existem diferenças na imprensa mundial. O *Wall Street Journal*, *Le Figaro*, aqui no Brasil o *Estadão* um pouquinho menos tomado pela correção do que a *Folha*, são exemplos de resistência ao totalitarismo da correção. Então, você não pode simplesmente levantar determinados assuntos. Imagine alguém colocar abertamente em discussão, num jornal de TV, por exemplo, uma pauta que fale sobre gênero e levantar dúvidas sobre a questão das cotas, como o Magnoli[1] faz na *Folha de S. Paulo*. Ou no caso de racismo. Ele apanha absurdamente. Cinco minutos depois alguém escreve um artigo contra. Nas colunas do Magnoli, na página de Tendências e Debates, se ele escreve algo nesse sentido, na velocidade da luz alguém escreve um artigo já imputando ao autor o

---

1. Demétrio Magnoli — Doutor em Geografia Humana, sociólogo, escritor e jornalista. Colunista da *Folha de S.Paulo* e comentarista de política internacional.

racismo. Hoje, o politicamente correto é o juridicamente correto. Está embutido na lei, nos juízes da maior parte da magistratura, na formação deles e dos desembargadores. O processo vem pelas mãos do Ministério Público.

Em 2011, eu escrevi o *Guia do Politicamente Incorreto da Filosofia* e fiz uma reedição com outro nome, por uma questão de marca, *A Filosofia Incorreta* em 2019. E uma das coisas que eu dizia na apresentação é que, naquele ano, o livro era mais atual do que em 2011, porque piorou. Atualmente, o politicamente correto e o juridicamente correto tomaram conta do espaço cultural, linguístico, da produção do pensamento público, inclusive no viés do feminismo. Não se pode falar nada, levantar nenhuma questão que, imediatamente, você vai ser acusado de preconceito, de sexismo, de machismo. O cerco se fechou. Quer dizer, você pode correr riscos, inclusive de perder o emprego...

Taquari: *Por que a esquerda tem um predomínio dos meios de comunicação não apenas no Brasil, mas em boa parte do mundo?*

Pondé: Tem alguns elementos históricos nisso tanto no Brasil quanto na Europa e nos Estados Unidos, claramente por uma questão de formação. Os EUA foram muito influenciados nos anos 1960, e antes disso, pela migração de muitos intelectuais de esquerda da Europa. Um deles que mais influenciou a esquerda nos Estados Unidos de 1960 para cá foi Marcuse[2]. O ensaio dele sobre Tolerância Repressiva, de 1965, deixa muito claro porque a universidade virou o que é hoje nos Estados Unidos e, por tabela, no Brasil. A universidade atualmente é uma instituição

---

2. Herbert Marcuse (1898 – 1979). Sociólogo e filósofo alemão, naturalizado norte-americano, pertencente à chamada Escola de Frankfurt. Autor de *Eros e Civilização*, era um crítico do capitalismo e da cultura do entretenimento, para ele uma forma de controle social.

policialesca e repressora. Por exemplo, ninguém pode convidar uma pessoa que os alunos e professores não sejam a favor. A palavra é completamente cassada, com base na hipótese que Marcuse levanta de que não se deve ser tolerante com nenhum discurso que reforce "o status repressivo da sociedade capitalista". Não se deve ser tolerante com isso porque na realidade você estaria sendo "intolerante com os que são oprimidos". Você cala a boca daqueles que não estão de acordo com esse ponto de vista.

Mas o fato é que essa questão tem alguns elementos históricos e filosóficos. Históricos, porque já na segunda metade do século XIX, grande parte dos intelectuais — o que vai desaguar na imprensa, na mídia e, inclusive nas universidades que formam os jornalistas — já estava claramente se identificando com as lutas sociais. Isso ocorreu na Rússia, na Inglaterra, na França, lembrando que a última foi, durante o século XIX, o berço de muitos movimentos sociais à esquerda. Portanto, há esse elemento que é histórico e ao mesmo tempo é filosófico.

A influência do marxismo e teorias semelhantes na formação de professores, escritores, intelectuais e, por tabela, jornalistas — a influência dessa ideia de que não há que conhecer mais o mundo, mas sim transformá-lo — é imensa, como todos que circulam no meio sabem. O mito de que o jornalista ou o intelectual tem uma missão que é "fazer o mundo melhor" destruiu qualquer esforço de pensar de forma consistente em favor do "bem político" escolhido. Nesse sentido, a mídia e os intelectuais, em geral, são herdeiros da ideia cristã de reforma do mundo. Uma posição secularizada, uma espécie de clero fanático, herança do cristianismo também fanático que aparece na Idade Média e está presente nos agentes da inteligência pública. Na época, eram grupos cristãos que acabaram sendo considerados heréticos e que estavam muito próximos de uma ideia de socialismo cristão básico. Essa ideia, mais tarde, seria recuperada pela esquerda.

Então, alguns elementos históricos importantes ocorreram para dar a esquerda a auréola de santidade política: a emergência do fascismo na Europa na primeira metade do século XX, a Segunda Guerra Mundial, o financiamento da União Soviética na formação de jornalistas e professores, durante o período áureo da URSS, durante a guerra fria. A emergência do fascismo acabou gerando um fenômeno, quando a União Soviética rompe com Hitler, que é o combate ao nazifascismo na Europa, a resistência dita europeia. Onde houve de fato alguma resistência, porque tem muito mito em torno disso, essas pessoas eram na sua maioria comunistas. Essa resistência ao nazismo, onde existiu, ao contrário do que os filmes americanos procuram mostrar, foi basicamente patrocinada pela União Soviética. Os resistentes eram, em sua maioria, comunistas, portanto. Quando acaba a Segunda Guerra Mundial e tem início a guerra fria, entre União Soviética e Estados Unidos, a tendência clara da maior parte dos intelectuais na Europa Ocidental era pró-Moscou. Mesmo quando começam a surgir os escândalos em relação à União Soviética, na era pós-Stálin, o viés pró-Rússia permaneceu. Por exemplo, o conflito entre Albert Camus, na França, filósofo, jornalista e escritor, mas que atuava na mídia combativa — ele foi um dos criadores da revista *Combat* — que se indispôs com os amigos do *Tempos Modernos*, do Sartre, foi um exemplo de crise dentro da própria esquerda em relação à herança soviética. Camus foi o primeiro intelectual de esquerda, fora o Raymond Aron, que não era de esquerda, a criticar a União Soviética e a romper com o Partido Comunista. Sartre, Simone de Beauvoir[3],

---

3. Simone de Beauvoir (1908 – 1986). Filósofa, escritora, feminista. Autora, entre outros, de *O Segundo Sexo*, uma análise da opressão das mulheres e um tratado fundamental do feminismo.

Merleau-Ponty[4], não romperam com a União Soviética. Merleau--Ponty chegou mesmo a escrever ensaios tentando justificar a validade do terror.

Mas Sartre estava enterrado nisso até o pescoço. Tanto que, quando ele deixa de apoiar a União Soviética, vai para o maoísmo, da Revolução Cultural chinesa. Então, eu não vejo muito como a imprensa, o jornalista, um profissional que nasce muito combativo em relação a ideia de democracia, de defesa dos injustiçados, a ideia de transformação do mundo, pode resistir ao viés ideológico a esquerda — jornalista se vê como uma espécie de consciência armada da sociedade. O jornalista acredita em um mito, quase um fetiche: "Ao informar, produz-se a consciência crítica." A meu ver, esse é o grande fetiche da maioria dos jornalistas, o qual considero um engano cognitivo, para não dizer epistemológico.

Não acredito em consciência crítica — para mim, é um mito, como o mito do contrato social — e não acredito que a informação, necessariamente, tenha capacidade de produzir qualquer crítica, inclusive no âmbito político.

Como não somos capazes de compreender, cognitivamente, tudo o que acontece na política, o que preenche essa lacuna de entendimento é o viés. E ele é o que decide. É o viés ideológico que vem da universidade, de quase 200 anos de formação, do fato de que o jornalista se vê como uma espécie de combatente em prol da liberdade e da igualdade. Então, há toda uma tradição a favor da construção do viés ideológico.

No Brasil, a ditadura fez um grande favor à esquerda. Eu acho uma masturbação mental essa discussão inteira. Não a discussão da ditadura em si, mas não deixar muito claro que a ditadura fez

---

4. Maurice Merleau-Ponty (1908 – 1961). Filósofo francês que desenvolveu estudos sobre política, religião, psicologia, linguagem, natureza e história.

um favor à esquerda. No sentido de que a esquerda, no Brasil, saiu como uma santa. Em toda América Latina, onde teve ditadura financiada pelos Estados Unidos para combater a influência soviética, isso aconteceu. Daí a pose de santidade política da esquerda em geral. É por isso que houve tantas ditaduras na América Latina naquele período: a Guerra Fria, principalmente depois de Cuba. Os Estados Unidos, na época, reagiram assim: no meu quintal não! Ou você deixa como um entulho de lixo, como é hoje — veja o Maduro, por exemplo, que faz o que quer e os EUA não estão nem aí. Ou, vez ou outra, vai lá limpar a casa toda e dizer: "Aqui ninguém mexe porque é meu quintal." Como aconteceu nas ditaduras. Então, é por isso que a mídia, a imprensa no mundo inteiro, ou pelo menos no lado ocidental, é massivamente à esquerda. Há exceções. O *Le Figaro* francês, por exemplo, não é de esquerda. Os países um pouco mais organizados, de cultura mais antiga, conseguem de alguma forma escapar a isso porque há uma tradição de jornalistas, no *Le Monde* e *Le Figaro*, que ainda não foram completamente engolidos pela esquerda.

No *Figaro*, você vê manchetes e textos que não se lê em jornal nenhum. Fica muito claro que ali eles têm dinheiro, uma direita francesa poderosa, que vem desde os legitimistas que queriam a volta da monarquia. Ou a direita burguesa, da Revolução de 1830, a revolução de julho, quando colocaram no poder o rei Luís Felipe de Orléans. A legitimista é Bourbon, uma direita mais ligada à recusa sistemática da modernidade, inclusive do mercado. Tem a direita do mercado que é a do Macron. O Macron é descendente da monarquia burguesa de 1830. E tem a direita bonapartista que hoje é a direita gaullista, nacionalista — em queda de relevância. Há, portanto, uma atitude poderosa: três tradições que brigam, se associam, brigam de novo. A gaullista, praticamente, sumiu do mapa com a destruição do *Les Republicans* e o afundamento do Sarkozy. Sobrou a orleanista do Macron e a legitimista que está crescendo nas mãos da Marine Le Pen, a antimodernidade.

Enfim, os jornalistas não têm muito por onde escapar por causa dos professores deles...

Taquari: *Em questões como o aborto e a eutanásia, estamos muito atrasados?*

Pondé: O tema do aborto aparece muito mais do que a eutanásia. A eutanásia lida com doentes e com idosos. Apesar de toda gritaria da esquerda, o mundo não está nem aí para os idosos. Então, é um tema que não consegue ganhar fôlego. Esse assunto tende a ganhar espaço em sociedades mais envelhecidas e ricas, como de fato é o que acontece.

Já o aborto é um tema candente, porque incide sobre jovens, majoritariamente, mulheres jovens, em idade reprodutiva, sexualidade ativa e acabou colando no feminismo, que é uma das forças culturais mais poderosas do século XXI.

O feminismo forma a universidade, a educação infantil, a educação no nível médio e universitário, forma a magistratura, forma a produção audiovisual, cresce em seu espaço político, que no Brasil ainda tende a ser conservador.

O aborto é um tema mais inflamado porque toca em questões religiosas de forma dramática, para aqueles que entendem que o feto seja uma alma, ou uma pessoa humana em potencial. Isso tem a ver com o chamado processo civilizatório: ser a favor do aborto é uma opção de ser ou não civilizado.

Taquari: *Há pouco você falava sobre a diferença entre jornalistas e publicitários. Como é mesmo essa história?*

Pondé: É interessante ver como os jornalistas tendem a ficar presos a palavras. Então, ficam repetindo isso o tempo todo: isso ou aquilo é uma questão civilizatória. Em 2022 era o PT — se o PT é nossa saída civilizatória, estamos mesmo no mato sem cachorro. Isso reforça o fato de que os jornalistas tendem a acreditar que são representantes do bem. Eu adoro uma piada que ouvi logo que comecei na *Folha*, sobre o jornalista falando de si mesmo — isso no tempo em que os jornalistas ainda tinham senso de humor, mas hoje o humor acabou até entre os mais jovens. Então, a piada é a seguinte: "Qual é a diferença entre um jornalista e um publicitário?" A resposta é que ambos vão para o inferno, mas só o jornalista não sabe. Eu diria que hoje nem o publicitário sabe, porque também se acha um revolucionário vendendo banco. Ou *banking*, como eles dizem, que é mais chique.

Então, uma palavra que está na moda desde a eleição de 2022 é civilizatório. O PT e os defensores do Lula na época usavam muito essa expressão. É uma questão civilizatória, votar no Lula e no PT, diziam eles, em 2022. Isso significava você representar as forças civilizadas.

É impressionante como todo esse discurso dito progressista se transformou num grande nicho de mau-caratismo em política. Corrupção, mau-caratismo, sem-vergonhice, que dá emprego, gera poder. Até porque o capitalismo vai aonde tem dinheiro. Não é à toa que o *branding* hoje está tomado pela esquerda, assim como o tratamento de marketing atualmente no mundo corporativo está na mão de gente com formação de esquerda, incluindo o politicamente correto.

Taquari: *Nesse mesmo pacote entram temas tão diversos como o aborto e a descriminalização do uso de drogas?*

Pondé: No momento em que a França incluiu o direito ao aborto na Constituição, o adjetivo era civilizatório. Mais recentemente, o termo aparece em relação à descriminalização do uso das drogas. Eu acho que devia se dar o mesmo tratamento às drogas que foi dado ao álcool, nos Estados Unido após a lei seca. Regula, cobra imposto e faz cálculo de prejuízos, tentando reduzir os danos. Não deixar dirigir drogado. O uso de drogas só aumenta a cada ano. Não adianta. Quando você investe para combater o mercado das drogas ele só aumenta, inclusive nos Estados Unidos, que é o maior consumidor. Então, acho que a liberação do uso, como se discute aqui, é perfumaria. Significa liberar para menino rico que usa droga, para ele não ter problema, porque ele vai comprar na mão do traficante. Então, dizer que é civilizatório liberar o uso da droga como está na moda no Brasil, um país tão pobre e miserável, me parece equivocado e modinha.

Aqui, no jornalismo, não tem a divisão da mídia americana, não tem espaço nenhum, simplesmente há dinheiro para termos diversidade de mercados de ideias para se refletir de uma forma que não apareça alguém lhe acusando de ser reacionário, contra a esquerda, seja o que for. E, finalmente, inviabilizar sua carreira.

O aborto enquanto tal, analisando filosoficamente, eu diria que é um drama moral e ético — em Filosofia são sinônimos. É um drama moral que opõe dois conjuntos de bens sociais. De um lado você tem aquele conjunto de pessoas que entendem que abortar — ou a interrupção voluntária da gravidez como se fala na França, porque aborto é um nome feio — é uma questão de saúde pública e de fato é. Esse é um problema que gera muito sofrimento para as mulheres, inclusive quando são vítimas de violência. Trata-se de um tema que incide diretamente sobre a saúde da mulher. Isso é o que descrevemos como um conjunto de bens. Portanto, as pessoas que assim pensam, principalmente as mulheres, entendem que é uma ingerência sobre a vida delas e sobre algo que ela sofre, que é a gravidez, e depois ter que lidar com uma criança indesejada.

Eu acho que também esse conjunto de bens é derivado da posição liberal originária. A pessoa, no caso a mulher, tem direito de decidir sobre o seu corpo. Ela não está dizendo que toda mulher tem que abortar. Ela está dizendo que deve ser dado a ela o direito de tomar essa decisão.

Isso está completamente dentro da tradição liberal, desde Locke[5] e companhia limitada, incluindo John Stuart Mill[6]. É um ato que ela, enquanto indivíduo, dentro de uma sociedade liberal, tem o direito de tomar, enquanto não está obrigando outras mulheres a tomar essa decisão.

Do outro lado, você tem outro conjunto de bens, mas o problema é que essas pessoas entendem a vida do feto como um bem inalienável e do qual ele não tem como se defender. Elas entendem o aborto como homicídio. Portanto, para elas o argumento liberal de que a mulher tem o direito, como pessoa, de decidir sobre o seu aborto, sobre a sua gravidez, é análogo ao dizer que uma pessoa teria o direito decidir se vai ou não matar outra. Ela não tem como aceitar. Quem vê o aborto como homicídio não tem como aceitar o argumento liberal que está na base dos que defendem o direito ao aborto. *"Pro-choice"* é: pró-escolha, liberal. Só que quem está de um dos lados entende o aborto como homicídio. Ela não pode aceitar que a escolha seja entre matar ou não matar. Tem que ser crime, ou seja, um problema moral que não tem solução.

---

5. John Locke (1632 – 1704). Filósofo inglês, conhecido como pai do liberalismo e um dos principais teóricos da ideia do contrato social.

6. John Stuart Mill (1806 – 1873). Filósofo inglês, um dos maiores defensores do liberalismo político. Considerado um dos pensadores mais influentes do século XIX.

E o fato de que a França incluiu o tema na Constituição deve influenciar outros países. Eu entendo que a única solução é a política. Não tem solução moral. E, se a solução é política, a solução é a representatividade, como você consegue fazer com que parlamentos pendam para um lado ou para o outro. Isso que eu chamo de violência política legítima. Um grupo sempre vai se achar de alguma forma desrespeitado no seu conjunto de bens morais. Não tem como resolver a não ser pela decisão política. Assim, um lado vence e o outro perde.

Taquari: *A discussão sobre controle de natalidade foi banida pelo politicamente correto? Esse é um tema que deveria voltar a ser discutido hoje?*

Pondé: A expressão controle da natalidade era muito comum na geração do meu pai que era médico. Eu escutei essa expressão na Faculdade de Medicina, muitas vezes. A ideia de controle da natalidade caiu em desgraça porque sugeria uma interferência na escolha das mulheres e dos homens. Indicava uma ingerência autoritária do Estado na vida privada das pessoas, portanto, na escolha delas de terem filhos ou não. Naquela época, na primeira metade dos anos 1980, quando eu estava na Faculdade de Medicina, havia aqueles professores que defendiam o controle da natalidade cientificamente. Eles achavam que era preciso educar as mulheres para que elas usassem pílula, no sentido de fazer um controle de natalidade científico. A ideia era tentar explicar que aquilo era a favor delas, que aquilo melhorava a condição de vida delas, da família e dos filhos que já existiam. Explicar que, se ela continuasse a ter filho, ter filho, ter filho, ter filho, seguramente ela ia ficar cada vez mais na miséria.

Então, você tinha associação entre uso e técnicas científicas de contracepção e a ideia de uma formação educacional, das mulheres e dos homens, também para evitar o número excessivo de filhos na camada mais pobre, que há muito tempo é a que mais tem filho.

Mas também havia outros professores que ensinavam aos alunos que eles deveriam praticar controle de natalidade invasivo, que era basicamente fazer ligadura de trompas quando aparecia uma mulher que já tinha três filhos, de classe social baixa. Então, eles entendiam que, ao fazer o parto, os médicos deviam ligar as trompas e a mulher nem ficava sabendo. Era uma forma de controle da natalidade invasiva. Claramente ilegal. A outra forma não era ilegal.

Quem combatia sistematicamente o controle da natalidade na época no Brasil era a Igreja Católica. E a igreja, quando entrei na Faculdade de Medicina, em 1979, já era bastante influenciada pela Teologia da Libertação. Portanto, a Igreja Católica já estava bastante à esquerda, como em muitos países da América Latina. Não tanto na Argentina, no Uruguai e no Chile, mas daí para cima sim, inclusive no Brasil. A igreja e a esquerda combatiam o controle da natalidade com base na ideia de que era uma forma da elite controlar o nascimento de revolucionários egressos das classes mais pobres. Então, isso era muito claro para nós estudantes. A esquerda via o controle da natalidade, naquele momento, como uma forma de você impedir que nascesse mais gente que poderia derrubar o poder.

Médicos, todos brancos, naquela época, um ou outro que não era, preocupados que nascesse muito pobre no país. Então, o controle da natalidade cai em desgraça no país. Hoje, não se fala muito nesse tema. Mas, na verdade, é que o controle da natalidade, na elite, já existe na chave liberal. Mulher não quer ter filho, homem não quer ter filho, jovem não quer ter filho, quando quer, tem um só.

A consciência daqueles médicos da época que queriam convencer os mais pobres de que eles deveriam regular o número de filhos para garantir uma condição de vida melhor caiu de moda como prática.

Recentemente o censo mostrou que caiu 13% o número de nascimentos no país. É óbvio que caiu. Quem acompanha isso sabe há muito tempo. Isso é evidente na sala de aula. O número de jovens de classe média para cima é cada vez menor. E as taxas de natalidade estão caindo no mundo inteiro. Até na Rússia que, estupidamente, muita gente acha que é um país atrasado.

A população mais pobre continuou tendo muitos filhos e a esquerda continua achando que a ideia de uma educação para reduzir a natalidade é uma ingerência da elite na vida dessa população mais pobre. A esquerda gosta da solução liberal do aborto.

Então, esse discurso desapareceu do discurso médico oficial e, na realidade, hoje a discussão é sobre direitos reprodutivos, que basicamente significa aborto. Ou seja, o controle da natalidade hoje não aparece dessa forma, mas aparece na defesa da livre escolha do aborto. Aparece como discurso de saúde pública para melhorar a condição das mulheres abortarem. Aparece travestido de feminismo e de saúde pública. Na verdade, sempre foi uma questão de saúde pública. Mas aparece colado na ideia do direito ao aborto. Direito reprodutivo é o direito ao aborto, basicamente. Planejamento familiar não está na moda no discurso da elite formadora porque a família está fora de moda e representa opressão patriarcal.

Então, não é que o tema desapareceu. Desapareceu na forma em que ele vinha carregado pela elite. Agora, no momento em que é transformado num discurso à esquerda, ou seja, a emancipação feminina, aí a discussão vai adiante. Mas, do ponto de vista da educação para o controle de natalidade, é um fracasso. Os pobres continuam tendo muitos filhos. Essa é uma questão estrutural. Muitos não têm o que fazer. Quando você não tem muito que fazer, você faz sexo. Quando você tem consciência de que sexo gera filhos e gera responsabilidade, você escolhe não ter um relacionamento sólido, como diz o Bauman, você não quer ter filho. O jovem hoje pensa N vezes antes de engravidar uma mulher. Ele sabe que isso vai dar em contencioso. A mulher pensa um milhão de vezes antes de se deixar engravidar porque ela sabe que isso vai gerar um desarranjo na vida profissional dela. E ela pode ficar grávida de um cara que não vai dar a mínima bola. Hoje, filho é considerado sinistro, como se diz no contexto de seguros.

Pobre não tem esse cálculo, não pensa no futuro, não tem essa razão instrumental, estratégica. Então, eles vão fazendo sexo, ela vai engravidando e formando aquelas famílias enormes e sem cuidados. A classe média para cima não tem família gigantesca.

Taquari: O Capital *foi publicado em 1867, numa época em que existiam só duas forças mecânicas, o vapor, nas ferrovias e navegação, e as máquinas de tecelagem. Depois de todas as transformações ocorridas a partir do fim do século XIX e começo do século XX, além da revolução tecnológica, iniciada no século passado, qual o balanço que se pode fazer da teoria do Marx?*

Pondé: Você começou se referindo às formas técnicas que existiam no início da Revolução Industrial, que tinha começado na Inglaterra no finalzinho do século XVIII. No século XIX ela estava se aprofundando, que é a época do Marx. Isso nos leva diretamente às transformações da produção, na medida em que a técnica se transforma em tecnologia que se transforma em Inteligência Artificial hoje. Então, como *O Capital* foi pensado na relação das forças produtivas e na forma como os operários eram explorados nessas técnicas, então o problema é que as técnicas hoje são muito mais rápidas, eficazes e distantes do que aquelas do passado. Naquela época, existiam os engenheiros responsáveis pela construção das máquinas, mas as pessoas envolvidas no dia a dia desse processo geralmente tinham uma formação inferior, como os operários em quem Marx pensava. Ele acreditava que, em determinado momento, o capital se desligaria da função social do trabalho, especialmente com o avanço da técnica. Então, ia ter cada vez mais operários sem emprego, passando fome e quebrando tudo. Marx estava vendo as greves da Inglaterra. Greve em Manchester, o berço da Revolução Industrial. Ele viu greves acontecerem de sua janela, em Londres também. Acontece que ele viu uma fotografia do capitalismo. É o mesmo que acontece quando se fala que pesquisa de opinião em eleição, é uma fotografia de momento, e não necessariamente o que vai acontecer depois. Marx viu um trecho do capitalismo na sua origem. Ele viu o momento em que os movimentos operários registravam um deslocamento de pessoas do campo para trabalhar nas cidades, morando em favelas, muitos morrendo, era uma miséria generalizada. Ao mesmo tempo havia um aumento da população, com muita gente nas cidades. Na Rússia, a mesma coisa. Em Moscou, São Petersburgo, havia favelas enormes. Marx viu isso tudo e calculou que a velocidade de desenvolvimento da técnica e dessa massa de trabalho, ou seja, o modo como os dois estavam relacionados, ia ficar cada vez mais descolada e essa massa de mão de obra ficaria cada vez mais desempregada. Sem ter o que fazer, iriam para o enfrentamento, para derrubar o capitalismo. Aqui começa toda a utopia dele.

Mas, como ninguém é profeta, ele não tinha como enxergar que o capitalismo, inclusive no seu viés tecnológico, iria avançar tanto. Era impossível prever que, 100 anos depois, essa massa de operários iria, entre outros benefícios, conseguir tirar férias e começar a usufruir de certos ganhos salariais. Ou seja, que essa massa de operários iria entrar numa chave muito mais sindicalista, pressionando para ganhar mais e ter mais garantias e não permanecer na rota de conflito com o capital, querendo derrubar tudo. Isso, claramente, se deve ao fato de que a condição de vida de grande parte dessa massa de operários melhorou, materialmente falando. Na medida em que o capital começou a vender, primeiro, automóveis e outros bens e, mais tarde, celular e *smartphone*. As pessoas entraram no jogo. Agora viajam com pacotes turísticos pagos em dez vezes...

Então, Marx não viu isso, claro. Agora, muita gente acha que a herança da crítica ao *Capital*, no século XXI, não estaria mais associada ao fato de que, apesar de uma certa melhoria inclusive no sentido de consumo de bens — o carro no passado e o celular hoje, portanto o consumo de bens — mas sim, ao fato de que o empobrecimento tornaria de forma geral e a vida da população.

Há três ganchos que continuam funcionando a favor da ideia de crítica ao *Capital*. Um, é a ideia que o capitalismo no século XXI, apesar de todo esse consumo, cada vez mais se concentra a riqueza na mão de 1% da população. Toda discussão do começo do século XXI — Occupy Wall Street, o Graber[7], o Piketty e outros.

Portanto, a tendência do capitalismo seria de que a parcela de 1% continuasse a concentrar a riqueza, enquanto a desigualdade e a miséria aumentariam e voltariam a crescer. Isso levaria à catástrofe do capitalismo, voltando ao Marx, e ele teria acertado mesmo dando voltas. Na medida que o capital fica cada vez mais na mão de poucos e a massa de pessoas excluídas que não consegue usufruir desse consumo minimamente aumenta, eles poriam

---

7. Michael Graber – Professor do Departamento de Economia da Universidade de Chicago. Pesquisador nas áreas de dinâmica do consumo e renda.

abaixo a sociedade. É claro que, quando massa de pessoas derruba a sociedade, sua ação tende mais a ser caótica e destrutiva do que uma revolução organizada, como sempre ocorreu. Então, temos esse gancho que faz com que muitos acreditem que a crítica de Marx ainda é relevante nos dias de hoje.

Vejamos um segundo gancho. A esquerda migrou para temas como o problema do feminismo e de gênero. Ou seja, não seria tanto a crítica do capital, enquanto tal, mas a crítica da ordem opressora da cultura da elite, que está ligado ao dinheiro. Mas não é só isso. É você transformar certos grupos sociais em grupos combativos, mulheres, gays, negros. Portanto, é uma esquerda que está mais vinculada ao discurso comportamental e não tanto a uma crítica da estrutura econômica.

E o outro gancho que o Marx não tinha como imaginar, apesar que na Rússia no final do século XIX já havia gente criticando a destruição das florestas russas, em nome da industrialização, é a crítica a produção destrutiva do planeta. Mas ninguém podia imaginar que a crítica ao capitalismo encontraria hoje um braço tão grande, que é o da discussão verde. O capitalismo predatório, o capitalismo fóssil, do petróleo e tudo que contribui para o aquecimento global.

Então, hoje a crítica ao capital é uma crítica à ideia de que o capital deve investir em modos não predatórios do ambiente. É diferente. Não quer acabar com o capitalismo. Quer fazer o capitalismo verde. As grandes forças do capital querem ganhar dinheiro com esse movimento em direção à matriz não fóssil. É somente nesse ponto que realmente pode ocorrer o salvamento do planeta. Então, me parece que essa herança do *Capital*, de Marx, está claramente mais alocada. Não tanto nas transformações de comportamento, como na esquerda americana, nem tanto na ideia de uma transformação verde do capital, porque ele continua agindo, de certa forma, de maneira predatória. Mas na ideia de que o Marx teria acertado, a longa distância, que o capitalismo iria sim destruir a função social do trabalho. Isso porque o capital vai, cada vez mais, se encastelando na mão dos que são muito ricos e a massa de miseráveis vai começar a crescer. E vai crescer também nos países ricos. Se pensarmos, por exemplo, nos movimentos migratórios, existem hoje indústrias na França, Inglaterra e Alemanha que vivem basicamente de mão de obra barata de imigrantes. Dependem muito de paquistaneses, indianos, árabes. Algumas dessas empresas levam esses imigrantes e oferecem treinamento para certas tarefas de proletariado pobre, porque a população local não quer mais fazer isso e custa caro. Nos Estados Unidos, o Partido Democrata defende a imigração ilegal porque essa elite, principalmente das costas americanas, quer pagar pouco para a mulher pobre da América Latina cuidar dos filhos deles enquanto viajam, jantam fora etc. Por isso que eles votam no partido Democrata que é um partido da elite americana nos Estados Unidos. Enquanto que os pobres americanos, que custam mais caro, não querem trabalhar pela mesma coisa que os ilegais. Comparando com o Brasil, ganham muito bem os ilegais lá.

Uma faxineira ilegal brasileira ou colombiana, nos Estados Unidos, ou uma babá, podem ganhar de 4 mil a 5 mil dólares por mês. Mas os americanos mais pobres não querem exercer essas funções. Portanto, para eles é importante parar a imigração ilegal, e por isso votam no Partido Republicano. O Partido Republicano hoje é muito mais representativo do povo americano do que o Democratas. A mesma coisa está acontecendo na Europa. A direita europeia popular ou populista, está cada vez mais próxima do europeu pobre.

Capítulo 6

RELIGIÃO E PODER

Taquari: *Desde a antiguidade, as religiões trouxeram conforto, esperança e outras contribuições para as sociedades. Mas também trouxeram atraso e obscurantismo. Em certas partes do mundo, sustentaram e sustentam políticas de repressão pelos mais diferentes motivos. Como analisar essa questão?*

Pondé: Essa é uma das mais importantes questões que transitam pelo estudo de religião. Eu diria que estudar religião é uma das coisas mais fascinantes e mais complexas que existe. Participei do programa de pós-graduação da PUC São Paulo por muitos anos e minha cadeira era Filosofia da Religião.

Então, quem estuda o assunto sabe, mas quem não estuda não tem a menor ideia de que uma das características das religiões é que elas atraem todo tipo de senso comum: todo crente ou anticlerical crê entender tudo de religião. Religião é um conceito complexo. Os nativos, como são chamados nesse campo de estudos, as pessoas que seguem uma determinada religião, que vivem dentro daquela cultura, por nascimento ou conversão, pensam ser a religião aquilo que eles cultuam no seu dia a dia. Poderíamos dizer: confundem religião com seu uso como praticantes dela. As religiões atraem também toda uma gama de críticas feitas desde o Iluminismo. Gente como Voltaire, passando pelo próprio Marx, Freud, Nietzsche e pelos darwinistas. Existe uma tradição no campo da Filosofia, da Sociologia e mesmo entre os darwinistas e da Ciência, que coloca a religião sob crítica cerrada. Assim, tanto o nativo que tem fé na religião à qual pertence, quanto aqueles que se baseiam nas tradições críticas, acabam projetando suas crenças ou críticas sobre o objeto religião.

Entre os psicanalistas, aquela ideia de Lacan[1], que foi sintetizada numa frase — até onde sei ele não disse dessa forma, mas ele pensava exatamente assim — que em 100 anos, ele não sabia se iria existir analista, mas com certeza padres existiriam, é um claro vaticínio. Essa frase do Lacan pode ser ampliada porque ele estava pensando no fato de que a Psicanálise faz a pessoa sofrer, enquanto a religião muitas vezes dá conforto. Não há "salvação" na psicanálise, mas há na religião. Se ocorresse uma catástrofe mundial, econômica, distópica e acabasse o capitalismo, o sistema de produção de bens, a organização social, ou seja, uma dessas distopias que o cinema apresenta, a Ciência como um todo acabaria. Mas a religião continuaria a existir.

Diante dessa ideia, a primeira reação é essa: "Isso é negacionismo?" Não, claro que não é. O problema é que negacionismo virou moda. A mídia tem esse pecado. Ela pega um conceito, uma ideia e acaba exaurindo a ideia do seu valor semântico. De repente, tudo é negacionismo, tudo é bolsonarismo. Acontece que a Ciência precisa de uma parafernália industrial, técnica, institucional gigantesca e muito dinheiro para funcionar. Religião não. Religião pode ser um cara sonhando, achando que a avó, já falecida, veio trazer uma mensagem e daí ele deduz que existe

---

1. Jacques Lacan (1901 – 1981). Um dos maiores nomes da psicanálise na França, integrou a Escola Francesa de Psicanálise. Seu trabalho proporcionou bases filosóficas para a Psicanálise, estabelecendo uma ponte com as Ciências Humanas.

vida após a morte. Ou se juntar dois, três já é uma multidão religiosa. Um vira xamã, os outros dois seguem e acreditam no que a pessoa está falando. Por isso, a religião vai sobreviver à Ciência, seguramente. Então, Lacan tem razão.

Ao mesmo tempo em que a religião traz conforto, o Catolicismo, historicamente, também oferece um trabalho de caridade por meio da Santa Casa de Misericórdia. Da mesma forma que o Metodismo, uma vertente do Protestantismo inglês que começou nos Estados Unidos, sempre teve um forte compromisso com o trabalho social. No entanto, isso é apenas uma das facetas da religião.

Quando voltamos no tempo, primeiro não havia uma coisa única chamada religião. A vida não era dividida em esferas. Religião era tudo. Tudo estava permeado pela religião ou por religiões. Se uma pessoa faz mestrado em estudos de religião, passa um bom tempo tentando entender o sentido amplo da palavra religião. É preciso compreender qual é o campo semântico que ela descreve e que ela significa historicamente, socialmente, filosoficamente, linguisticamente, de tão vasta que é a questão.

Taquari: *Um recuo na pré-história pode trazer importantes esclarecimentos?*

Pondé: Se fizermos um recuo histórico e pré-histórico é muito possível que a gente esbarre em hipóteses fortes de que, aquilo que a gente chama de religião, começou de forma dispersa, reunindo experiências como crenças e sonhos. Até hoje tem gente que, quando sonha com uma pessoa morta da família, acha que é a pessoa mesmo. A maioria das pessoas conhece alguém que crê nisso. Até hoje, não importa a formação acadêmica ou científica, tem gente que acredita nos sonhos como "portais do mundo do sobrenatural". A religião ainda tem essa característica. Ela pode habitar a alma de alguém que é completamente bem formado cientificamente. Isso demonstra que a fé religiosa não está relacionada à ignorância de uma pessoa, embora a falta de conhecimento possa torná-la vulnerável aos gurus religiosos fraudulentos, ou seja, a crença de que os sonhos são visitas de mortos — sugerindo a existência de vida após a morte — a ideia de que pessoas com conhecimento de ervas curativas ou de algum poder sobrenatural (embora o conceito de sobrenatural seja algo posterior), e a crença de que alguns indivíduos conseguiam se comunicar com esferas misteriosas e, por isso, prever o futuro. Todas essas crenças formaram a base do que hoje entendemos como religiões. No mundo pré-histórico, adivinhar o futuro devia ser razoavelmente fácil. Até hoje pode ser, tanto que ainda há quem acredite em gente que se diz capaz de fazer isso. Aquele tipo de conversa: olha vai aparecer uma viagem para você... Tem alguém no trabalho que lhe persegue... Vai aparecer um amor para você... Cuidado, eu estou vendo que tem alguém da sua família que vai ficar doente... É imensa a probabilidade de que qualquer uma dessas coisas aconteça. Agora, virou moda prever novas epidemias. Ninguém previa epidemia porque não estava na moda. Depois da pandemia de Covid, entrou no radar dos gurus. Normalmente, as pessoas repetem isso hoje em dia, as redes sociais divulgam vastamente, mas quando as "previsões" não se realizam, ninguém dá bola. Passam para a próxima.

Mais ou menos é o que acontece quando a imprensa desce o cacete numa instituição e depois é provado que ela não fez nada daquilo, ninguém dá muita bola. Quando alguém faz uma previsão do tipo: tem alguém lhe perseguindo no trabalho, a possibilidade de você buscar alguém que se enquadra nisso é vastíssima. É muito difícil alguém não ter algum tipo de contradição no trabalho. Cassandra acerta mais do que Jesus em matéria de compreensão dos fatos humanos porque tem maior clareza acerca do que seja a natureza humana. Imagine isso no passado. Uma peste, uma doença, uma invasão, morte, tempestade. Fácil ser Cassandra. Na verdade, se olharmos a vida desse ponto de vista macro, ela é extremamente repetitiva. Não há uma variedade gigantesca de coisas que acontecem na vida das pessoas. O resultado é que essa hipótese consensual — de que aquilo que a gente chama religião surgiu na pré-história de forma dispersa — é bastante razoável. E mais: ela é facilmente associada a quem tinha poder dentro do bando.

Taquari: *A ligação entre religião e política é antiga?*

Pondé: O vínculo entre religião e política é pré-histórico. Sempre foi. A religião sempre esteve associada ao poder. Em outros tempos, o sobrenatural tinha mais poder sobre a vida do grupo, sobre os indivíduos. A religião sempre foi ambivalente: para o bem e para o mal. Até hoje, religiões podem perseguir grupos minoritários, entrar em conflito com outras crenças e, ao mesmo tempo, podem pregar amor e fazer caridade. Essa novidade foi introduzida pelo Cristianismo. No Velho Testamento, Deus é misericordioso, mas ele tem claramente suas preferências. Toca fogo em cidades, mata um monte de gente. Ele diz que o homem não pode matar, mas Ele pode. No Velho Testamento, Deus é muito mais ambivalente do que o Cristo que acabou sendo construído pelo Cristianismo.

A ideia de que religião só prega o bem e significa de alguma forma um desejo bom em relação aos outros é uma invenção do Cristianismo. Ou seja, começou ontem.

Taquari: *Houve vários momentos na história em que a religião se impregnou totalmente da política. Richelieu foi apenas um dos exemplos...*

Pondé: De fato, o Cardeal Richelieu era um primeiro-ministro. Muito antes, o Cristianismo começou na borda do poder, sofrendo sob o poder humano e, no final, ganhou o Império Romano. Na verdade, a religião sempre teve como vocação a política. No Velho Testamento, há elementos de conflito entre religião e política. Por exemplo, a tradição profética critica duramente os reis, os ricos e os poderosos. O Cristianismo descende do profetismo hebraico e da tradição apocalíptica judaica. É o cruzamento de ambos.

João, ou alguém da tradição Joanina — não se sabe se foi ele mesmo que escreveu — era judeu, como a maioria deles. De qualquer maneira, o *Livro do Apocalipse*, de João, é um livro que se insere totalmente dentro da tradição apocalíptica dos Qumramitas, que por muito tempo foram chamados de Essênios[2], um povo que vivia nas cavernas próximas do Mar Morto. Eram judeus que chegaram até a época de Cristo. João Batista, possivelmente, era um deles. Eles eram apocalípticos. Então, o livro de João é um livro dessa tradição, já cristianizado. Na tradição apocalíptica, Jesus é um dos que falam do fim dos tempos, do julgamento. Está ali a mentalidade apocalíptica judaica. Jesus era um típico judeu daquela época, e quando se estuda ele, no contexto em que vivia, fica claro que ele nunca quis criar alguma religião e nunca negou o Judaísmo. Paulo de Tarso, ou, Saulo, foi quem afastou o Cristianismo do Judaísmo.

Então, a vocação entre religião e política é intrínseca, desde a pré-história da religião. A primeira amostra que existe de escrita mesopotâmica, em pedra, é de um templo. É um livro-caixa, de

---

2. Essênios — Grupo apocalíptico e profético do movimento judaico antigo, fundado em meados do século II a.C. Seus integrantes acreditavam na chegada de um Messias.

insumos no qual entravam os gastos de um templo mesopotâmico. Por isso, muitos historiadores entendem que o fundamento da história e da cultura humana é religioso. Isso gerou uma crise no marxismo. Mas, ninguém ensina isso nas faculdades de História. Vale lembrar de um historiador galês, que viveu entre os séculos XIX e XX, Christopher Dawson[3] — um tanto influenciado por Hegel[4] — que defende claramente a tese de que o fundamento da cultura humana e de toda civilização sempre foi religioso. Na verdade, a religião tem a mesma ambivalência do ser humano, já que se trata de uma criação humana. Um fator importante é que o monoteísmo introduz uma violência que o politeísmo não conhecia. O politeísmo também praticava sacrifícios humanos, não tinha contradições teológicas. Acontece que o monoteísmo já começa pregando que todos os deuses das outras crenças são falsos. Ou seja, "só o meu é verdadeiro". Seja o Judaísmo, o Cristianismo ou o Islamismo, que são os monoteísmos mais importantes do mundo, todos eles têm essa raiz. Hoje se tenta negar tal traço excludente, fazendo diálogo inter-religioso. O Judaísmo e o Cristianismo vão melhor nessa área, porque foram europeizados. Democracia, pensamento liberal, tolerância religiosa. Já o Islamismo engatinha na ideia do diálogo inter-religioso, no sentido em que ainda é incipiente essa concepção entre seus seguidores. O monoteísmo é briguento, tem vocação à guerra teológica. Tanto que produziu inúmeras ao longo da história e até hoje, no Oriente Médio.

---

3. Christopher Dawson (1889 – 1970). Conhecido como o maior historiador católico de língua inglesa do século XX, é autor de inúmeros livros sobre história cultural e cristianismo. Entre outros, *Religião e Cultura* e *Progresso e Religião*.
4. Georg Wilhelm Friedrich Hegel (1770 – 1831). Filósofo alemão, autor de *Fenomenologia do Espírito*, obra tida como um marco na filosofia mundial, que exerceu influência sobre inúmeros pensadores ao longo de séculos.

Mas o politeísmo, enquanto sistema de deuses, tende a ser inclusivo. Meus deuses, seus deuses. Ao mesmo tempo em que a religião oferece conforto, fala de sofrimentos, inclusive nas suas origens, quando sacrificavam animais e pessoas "para que os deuses fiquem um tempo sem lembrar de mim", destrói mundos inteiros. No mundo grego, eles também acreditavam que "é melhor ser esquecido pelos deuses". Ainda no Velho Testamento se vê os profetas pedindo a Deus que os esquecesse.

Graham Greene, autor católico inglês, no livro *Fim de Caso*, que virou filme, narra a conversão dele, em meio a uma história de amor, onde ele diz, se referindo a Deus: "Agora, você já provou para mim que você existe. Mas fique longe de mim".

Seja na tradição monoteísta ou entre as crenças que defendem a reencarnação, como ocorre no espiritismo, a ideia de evolução espiritual, isso tudo traz conforto... Eu morro e nasço de novo... Tenho uma chance de melhorar... Jesus me ama... Deus é justo... Isso tudo traz uma parafernália de ideias que acomodam o sofrimento.

Freud dizia que o fundamento da religião é o desamparo. O ser humano é desamparado.

Taquari: *Em muitos países, como no Oriente Médio, por exemplo, a religião acaba funcionando como um sustentáculo do poder?*

Pondé: Ainda hoje, como sempre foi. A religião em Atenas sustentava o poder, mesmo durante a democracia. Em 399 a.C., Sócrates foi condenado à morte pela Assembleia democrática em Atenas, e uma das acusações era de que ele afastou os jovens das práticas religiosas. O mesmo acontecia em Roma. Os imperadores e os grandes generais faziam sacrifícios públicos de animais. Agradeciam pelas vitórias, acreditavam em fechar o corpo e se proteger, quando iam para as batalhas. Para ficar aqui no Brasil, vale lembrar as relações entre a CNBB e o governo durante tanto tempo. Ou do movimento evangélico no Congresso brasileiro. A religião tem vocação pelo poder.

No Oriente Médio, onde a religião costuma sustentar os governantes no poder, essa é, na verdade, a regra, não a exceção. A verdadeira exceção é o momento em que, na Europa, começa a se fortalecer a ideia de que religião e Estado deveriam ser separados.

Taquari: *Quando teve início essa separação?*

Pondé: Isso é fruto das guerras religiosas entre cristãos, na Europa. Essas guerras assolaram o continente nos séculos XVI, XVII, por mais de 200 anos. A ideia da separação entre religião e Estado é resultado dessas guerras. Por exemplo, a guerra civil na Inglaterra, o conflito entre diferentes grupos religiosos, que envolviam protestantes, a religião anglicana e as perseguições aos católicos. Na tentativa da Igreja Católica de derrubar reis, um deles, Carlos I[5], teve a cabeça cortada.

Nas guerras religiosas dentro da França, no século XVI, os católicos massacraram os protestantes franceses. O símbolo desse massacre é a Noite de São Bartolomeu[6]. A chamada Guerra de 30 anos, na verdade, levou cerca de 150 anos e devastou o Sacro Império Romano do Ocidente. A Guerra de 30 anos envolvia também alemães — na época ainda não existia a Alemanha — e mais tarde os que viriam a ser chamados de austríacos e tchecos. A França, supostamente, fez a paz. A França, que já havia matado seus protestantes no século XVI, estava "em paz" com

---

5. Carlos I (1600 – 1649). Foi Rei da Inglaterra, Escócia e Irlanda de 1625 até sua execução.
6. Noite de São Bartolomeu (24 de agosto de 1572). Católicos franceses mataram cerca de 3 mil protestantes, só em Paris. A matança se espalhou pela França, deixando cerca de 30 mil vítimas entre os protestantes.

a hegemonia católica. Então, o Sacro Império Romano do Ocidente, que incluía o que mais tarde veio a resultar na Alemanha, Suíça, Áustria, parte da Hungria, Itália, parte da Polônia, República Tcheca, foi "pacificado". Esse império estava se matando, internamente, no século XVII, em combates que envolviam, em sua maioria, católicos e protestantes.

Se fala em Guerra dos 30 anos, porque o conflito teria começado em 1618 e acabado em 1648. Só que, na verdade, muito antes de 1618, já estava correndo sangue. O protestantismo começou em guerra. Em 1648, quando acaba a Guerra dos 30 anos, entre católicos e protestantes, com patrocínio da França, acontece a chamada Paz de Vestfália, uma tentativa de estabelecer um acordo de paz entre católicos e protestantes. Nunca aconteceu esse acordo, mas a guerra acabou. O fato é que os exércitos não tinham mais homens e cavalos para as batalhas, enquanto as populações estavam morrendo de fome.

No entanto, a partir dessa Paz de Vestfália ficou estabelecido entre os príncipes alemães que um príncipe não deveria interferir na religião de outro. Tudo isso acontecia entre cristãos. Os judeus não ganharam nada com isso. Ao longo do século XIX, viveram razoavelmente bem. A Hungria foi um dos países onde eles viveram melhor, ao contrário do que se pensa. Até hoje, a comunidade judaica na Hungria é poderosa.

Na Inglaterra, no final do século XVII, já no final da guerra civil inglesa, as cartas de tolerância de Locke, o pai do liberalismo, defendendo que o soberano não deveria perseguir pessoas de outras denominações cristãs dentro de seu reinado, é outra marca histórica importante. É daí que nasceu a separação entre Estado e religião na Europa. Nasceu da exaustão do continente.

Essa exaustão atingiu os países do Norte e do centro da Europa. Basicamente, os europeus chegaram à conclusão de que era melhor fazer negócios do que se matar por fé. Até porque, na maioria dos casos, eram todos cristãos. Então, é daí que veio a noção de separação e do fato de que o crescimento da burguesia, fazendo negócios — o dinheiro tem uma vocação liberal — é melhor para a maioria. Desde que todos paguem as contas, pode-se acreditar no que quiser.

Taquari: *O homem e as sociedades precisam de uma religião, de uma vida espiritual?*

Pondé: Se olharmos para a história, a resposta é sim. Mas, ainda não há como dar uma resposta definitiva a isso porque a história não acabou. Não sabemos o que vai acontecer. Houve quem acreditasse que a religião iria acabar um dia. Não acabou até hoje. A religião sendo cultura, ela é plástica, vai se acomodando, mudando de forma. No Brasil, temos um crescimento muito significativo dos evangélicos, que podem chegar a tomar o poder. Basta observar o crescimento deles no legislativo, onde eles tendem a avançar ainda mais. Eles podem fazer mais prefeitos, mais governadores. Numa democracia, qualquer grupo que se torne majoritário, se torna poderoso e pode influir junto a pessoas exteriores ao grupo, mas que dependem dele para ter poder. Vide Bolsonaro.

Agora, será que a humanidade precisa de uma vida espiritual, independente de sua conexão com a política? Qualquer pessoa que estude espiritualidade mística sabe que apoiar a vida espiritual e a vida mística na política não é uma boa sustentação, uma vez que a política tende a devorar tudo e ocupar todo o espaço. A constante espiritual na humanidade, nas suas diversas formas, se impõe como realidade histórica.

Taquari: *Seria por conta das fraquezas que as pessoas acabam correndo para a religião?*

Pondé: Provavelmente. A religião é função do "cérebro réptil", no sentido de que se trata de uma experiência pré-histórica, adaptativa. Falando darwinianamente, deu certo. De fato, o ser humano, sendo um animal que sofre — e, até onde sabemos, o único a ter consciência da finitude da vida ao longo do tempo — acabou desenvolvendo a capacidade de criar soluções para lidar com isso.

Taquari: *É possível viver sem religião?*

Pondé: Indivíduos sim. Algumas pessoas podem viver sem religião muito bem porque cresceram em ambientes seculares, que faziam uso dos recursos da ciência e do Estado, como se sabe, as condições para uma vida secular começam com a Ciência e o Estado. Mas, quando a vida aperta, com doenças e outros fatores, muitas pessoas se voltam para a religião.

Nos grupos sociais também é possível. Em países da Escandinávia, onde existe um ateísmo muito forte, além da Holanda, Bélgica, algumas regiões dos Estados Unidos, como no litoral de Leste e Oeste, alguns bolsões no Brasil, em que existem pessoas muito secularizadas, sim, é possível viver sem religião.

Ao mesmo tempo, não significa dizer que o possível hoje significa o impossível amanhã, caso os movimentos religiosos cresçam como ferramentas de solução de vida. Onde o Estado funciona mal, a chance de a religião crescer é maior. É o caso dos evangélicos no Brasil. Eles levam uma razoável condição de vida com esperança lá onde o Estado não chega. Onde o Estado fracassa.

Eu arriscaria dizer: a Ciência pode acabar, numa catástrofe econômica. A Ciência custa muito caro, depende de uma rede de financiamento e de instituições muito fortes para funcionar, de toda uma gama de material estabelecido e acessível. No caso de uma catástrofe econômica no mundo, tudo isso pode se perder. Ciência moderna é coisa de mundo rico. A religião não precisa de nada disso. Basta um homem usando sua imaginação e seus sonhos, suas expectativas e você já tem um místico. Se juntar dois, já tem uma multidão.

Taquari: *De certa forma, a religião oferece o que as pessoas buscam?*

Pondé: Sem dúvida. Ainda, socialmente falando, é a melhor forma de conforto que existe. E a mais barata, ainda que acusem a religião disso ou daquilo. Dá mais acolhimento. Porque nós somos seres muito desamparados. Aliás, Freud, em seu clássico *O Futuro de uma Ilusão*, um ensaio sobre a religião, já afirmava que a fonte psicológica da religião é o desamparo — o que, na visão de um filósofo, seria um desamparo ontológico, estrutural. Somos mortais, frágeis, nossas sociedades são injustas, o mundo é ontologicamente imperfeito. Quando se tem acesso as ferramentas da ciência e do Estado as pessoas podem diminuir sua dependência imediata das esperanças mágicas. Mas, a religião é ancestral, e mesmo homens e mulheres modernos que se acham o máximo, ainda carregam em si o *Sapiens* pré-histórico.

Apesar dos deslizes que todas as religiões cometeram — não só o cristianismo — ao longo da história, elas ainda funcionam. Ainda tem gente que espera a salvação delas, enquanto a política trai as esperanças.

A política também cometeu grandes deslizes ao longo da história. No entanto, tem gente que continua acreditando. A religião é a mesma coisa. No caso da religião é mais fácil porque ela se movimenta no território sobrenatural. Mesmo que em alguns setores da política existam crenças sobrenaturais e messiânicas

— alguns acreditem que tem —, a política é uma matéria unicamente histórica. Mas, ainda assim, não se lida com ela de forma racional ou empírica, como dissemos acima. Quanto mais na religião, onde se supõe a existência de Deus, Jesus Cristo, Maomé, espíritos, orixás e livros supostamente revelados. Com a religião, as pessoas acham que resolvem qualquer coisa. Além do fato de que as religiões são fincadas — aqui estou sendo freudiano — na experiência de desamparo do ser humano. Nós estamos à mercê da contingência. Do momento em que a gente nasce até a hora da morte.

Francis Bacon[7], criador do método indutivo, ou da Ciência Indutiva, tem uma frase que diz assim: " Quando o homem se casa e tem esposa e filhos, ele dá de presente troféus para a contingência". Porque o escopo de risco da contingência aumenta. Quando você está sozinho é só você. Quando se tem mulher e filhos, a contingência pode ferir você, ferindo sua família. Então, você oferece troféus para a contingência.

Taquari: *Ao mesmo tempo, a religião é utilizada para impor certos controles sobre a população?*

Pondé: Sim, porque as religiões têm vocação política. E a política é o território da violência. E também acabam criando um espírito de resignação. A pessoa mora mal, trabalha muito, come mal, enfrenta uma série de privações e, ainda acha que a vida é assim mesmo...

Ao mesmo tempo, as religiões levam as pessoas à guerra e a revoluções. Não dá para colocar a religião numa só vertente. Ela é ambivalente, porque é demasiado humana, como dizia

---

7. Francis Bacon (1561 – 1626). Filósofo, cientista, ensaísta e político inglês. Em seus estudos, ocupou-se da metodologia científica e do empirismo. Daí ter sido considerado como um dos fundadores da ciência moderna.

o Nietzsche. Ao longo da história, basta ver como os romanos sacrificavam animais, antes de irem para as batalhas. Portanto, aí a religião estava alimentando uma virilidade militar e não resignação.

Os movimentos cristãos sistemáticos ao longo da Idade Média desaguaram, em sua maioria, no protestantismo, incluindo aqueles que entraram em conflito com a riqueza da igreja, desde os séculos XIII e XIV. Não foi Lutero que inventou isso. Lutero deu certo porque os príncipes protestantes estavam a fim de se livrar da influência do papa sobre seus territórios. Ele avançou por razões políticas. As razões teológicas — ou seja, a patifaria que era a Igreja Católica, em Roma, no sentido moral, político e religioso — vieram em boa hora, para muita gente. Não se trata de dizer que o que Lutero falou não era verdade. Era verdade, mas muito daquilo já havia sido apontado bem antes. Só que, antes, não havia aquela convergência de fatores políticos e sociais para romper com a Igreja Católica. O Cristianismo sempre teve vocação sectária. Qualquer um pode começar a ler a Bíblia e os evangelhos e interpretar como quiser. Aliás, o que fez o protestantismo, que acabou criando uma horda de alfabetizados. Naquela época, católico analfabeto, protestante alfabetizado.

Até na graduação, aluno protestante sabe muito mais do que católico, como pude observar ao longo de anos em que dei aulas sobre Filosofia da Religião na PUC-SP. Católico tende a ficar limitado, porque segue o padre. A Igreja Católica lutou muito tempo para ter o monopólio do magistério, enquanto o protestantismo cresceu incentivando as pessoas a lerem a Bíblia. Lutero fez uma das mais importantes traduções da Bíblia para o Alemão. O rei James, da Inglaterra, fez a primeira e fundamental tradução da Bíblia para o Inglês.

Taquari: *Então, as ideias que Lutero reuniu e colou na porta das igrejas já eram discutidas muito antes?*

Pondé: Nos séculos XIII e XIV, havia conflitos no seio do cristianismo sobre distintas visões de mundo. Como o cristão devia viver e, normalmente, esses conflitos estavam relacionados com a questão da pobreza, de rompimento com padres corruptos. O cristianismo sempre teve uma dinâmica de que quando faz uma reforma, faz no sentido de voltar às origens. Mesmo que isso não ocorra de fato. Na verdade, isso é uma dinâmica muito clara dos monoteísmos. O protestantismo entendia que estava voltando às origens, ao verdadeiro cristianismo original, que não tinha aquela parafernália de Roma. Na Idade Média, eles pregavam uma existência baseada na vida simples no campo, onde tudo se partilhava, uma vez que ninguém tinha nada. Eram todos muito pobres e acreditavam na recusa da riqueza. Viam as posses como algo que corrompe. Antes da modernidade era mais fácil ter uma vida simples. Hoje é mais afetação e moda.

Os movimentos reformadores internos nas ordens religiosas são exemplos claros. A Ordem Beneditina, que é das mais antigas, no século XI teve uma reforma, a Cisterciense[8], de São Bernardo, para voltar às origens. Na época, as comunidades beneditinas estavam já aclimatadas, muitas delas, à vida "rica" das cidades. Daí a ideia de voltar ao campo, para a vida rural. Na verdade, muitos dos líderes eram egressos da nobreza, embora vivendo em mosteiros. Daí a proposta de viver sem riquezas, longe das cidades. Depois, veio a reforma Trapista no século XVII, dentro da tradição

---

8. Cisterciense – Fundada em 1098, a ordem defendia o trabalho como valor fundamental. Ao longo de séculos a ordem exerceu grande influência na Europa, no plano intelectual e econômico, além das artes e da espiritualidade. O nome vem da Abadia de Cister, na Borgonha, França.

beneditina — o nome vem de uma casa cisterciense, chamada La Trappe. Perto de Curitiba tem um mosteiro onde os monges vivem como se vivia na Idade Média, tirando o fato de que hoje eles têm energia elétrica. Mas eles dormem entre 18h30 e 19h00 e acordam às 02h30 da manhã. Como se supostamente se vivia naquela época. Hoje, não rezam mais a missa em Latim, porque abandonaram a liturgia de Trento[9] que, aliás, era mais bonita; misteriosa na minha opinião. O contrário dessa liturgia em que os padres ficam fazendo propaganda política do púlpito.

Sempre houve na história humana a necessidade de acreditar que existe alguma forma de esperança.

Taquari: *Estamos predestinados a viver entre a civilização e a barbárie?*

Pondé: Quando se lê a abertura do Federalista, aquela coletânea de três autores norte-americanos do final do século XVIII, James Madison, Alexander Hamilton e John Jay, parece que estamos falando sobre os tempos atuais. A pergunta que abre o primeiro *paper* (*Federalist Papers*) é a seguinte: "Seremos capazes, um dia, de termos uma vida política racional ou seremos sempre condenados ao destino?" Ou seja, um dia poderemos ter uma política que seja fruto da razão humana ou o destino vai mandar em nossa vida, ou a contingência, o acaso, a desordem? Será que estamos condenados a viver entre a civilização e barbárie?

A ideia de barbárie é diretamente ligada na sua origem ao modo como os gregos se referiam aos não-gregos, ou seja, os bárbaros. Os romanos assimilaram essa ideia de bárbaros e passaram a considerar os não-romanos bárbaros. Porém, os romanos tinham, claramente, um discernimento sofisticado. Os gregos

---

9. Concílio de Trento – Realizado entre 13 de dezembro de 1545 e 4 de dezembro de 1563, na cidade que dá nome ao encontro da Igreja Católica. Seu objetivo foi reafirmar as doutrinas da Igreja face ao crescimento do protestantismo.

nunca foram bárbaros para os romanos. Eles souberam muito bem identificar, mesmo quando dominaram a Grécia, que ali havia um reservatório de inteligência. Tanto que assimilaram a religião grega, só trocando os nomes. Mas os romanos chamavam de bárbaros todos os povos ao norte da Europa. Eu tenho dúvida se os francos se consideravam bárbaros, ou achavam que os romanos eram mais civilizados do que eles.

A expressão civilização implica forte controvérsia semântica. Tem muita gente que considera que a palavra civilização teria surgido pela primeira vez no século XVIII e, depois, ganhou fôlego no século XIX para descrever os europeus e justificar o imperialismo. O relativismo antropológico põe em dúvida essa ideia. Normalmente, quando se fala em civilização e barbárie, inclusive os socialistas usaram muito essa expressão, tentando passar a ideia de que seria o socialismo contra a barbárie, a ideia é de que a civilização seria um modo ordenado cada vez mais justo para se viver, o modo racional, enquanto a barbárie seria a vida dominada pelo destino, pelas pulsões, pela irracionalidade, pela violência. Deixando de lado os contextos coloniais que essa expressão carrega, a pergunta dos federalistas acaba sendo mais correta filosoficamente, do que a oposição entre civilização e barbárie, como a gente acabou assimilando. A pergunta do Federalista é essa: "É possível uma ordem política racional ou a ordem política estará sempre sob o domínio da violência e da contingência? Do lado de fora e dentro de cada pessoa?"

Então, eu acho que a resposta para sua pergunta é sim. A gente sempre vai viver entre civilização e barbárie.

É possível fazer um paralelo entre os países que alcançaram um grau de civilização mais elevado e outros que ainda hoje vivem em plena barbárie? Basta ver os países ou regiões controladas por grupos como o Talibã ou o Estado Islâmico.

A meu ver, existem muitas causas para a existência dessas realidades tão diferentes. Não é possível dizer que existe um processo completamente racional que levou a isso. A Europa, basicamente, produziu o iluminismo na Inglaterra e na França. Os próprios alemães, embora na época não existisse um país chamado Alemanha, mas já nas guerras napoleônicas — quando Napoleão resolveu invadir todos aqueles países, dizendo que estava levando a luz e a razão — todos entendiam que ele queria mesmo era dominar e explorar todos eles. A civilização ocidental vê a si mesma como a mais avançada. Só que esse avanço se deu em meio ao imperialismo, ao colonialismo, à exploração de muitos povos. Ao mesmo tempo, aqueles que se veem como progressistas chamam para si certos valores europeus, como igualdade, liberdade política e religiosa, liberdade de expressão. A tradição liberal, que é mais antiga do que a socialista. Isso tudo nasceu em meio a muita violência. Aqui cabe a pergunta: "Será que, se os romanos não tivessem praticado escravidão em larga escala, Roma teria sido o que foi?" Muito provavelmente não. Isso justifica a escravidão? Claro que não, mas nos ensina como é pensar como adultos.

Toda vez que as sociedades precisam garantir produção agrícola, engenharia e construção em larga escala, "desenvolvimento técnico", se não tiver máquina, vai acontecer algum tipo de escravidão ou, no mínimo, exploração. Se o mundo entrar em colapso econômico, social e político, a gente volta para a escravidão. Enquanto não há uma clareza semântica sobre o que hoje chamamos de civilização, na realidade, ela só existe decido ao grande acúmulo de dinheiro, organização social e política; se isso acabar, retornaremos à barbárie. Infelizmente nem começamos a pensar a sério sobre essas questões.

Taquari: *Com tantas variáveis no mundo atual, como definir a palavra civilização?*

Pondé: Aquilo que chamamos de civilização hoje é um luxo, como a bolsa Louis Vuitton. Se faltar dinheiro, isso acaba. Se não tivermos tecnologia, voltamos a viver como agricultor miserável do Neolítico, plantando ali alguma coisa e com medo de que alguém tente matá-lo para roubar a produção, e aí vão aparecer hordas de guerreiros que vão roubar as mulheres, matar os idosos e transformar os homens em escravos.

É impressionante como o debate público, incluindo universidades e imprensa, não tem a mínima noção disso. Eu tive uma professora chamada Olgária Matos, na Filosofia da USP, que costumava dizer o seguinte: "Os filósofos não podem ser como os outros, que acreditam que o mundo seja um mar calmo de evidências". O fato é que o mundo não é um mar calmo de evidências. O progresso não é evidente. Se olharmos para a pré-história e para a história, as supostas evidências de "progresso" constituem uma exceção, e podem acabar a qualquer momento. Vamos imaginar a parafernália necessária para fazer um avião voar. O mundo que a gente conhece é mais ou menos como um avião. Para dar certo, é preciso muita coisa funcionando direito. Não pode ocorrer uma pandemia que dure 20 anos. O momento em que a gente chegou mais perto de enxergar o mundo sem ser esse que a gente conhece, foi quando vivemos a pandemia de Covid. As pessoas sumiram das ruas; houve uma desconfiança crescente entre elas, por conta do contágio. Não chegou a ser moral, mas chegaria. O medo constante. Imagine a desordem que poderia acontecer se a ciência não tivesse avançado tanto e tão rápido para produzir as vacinas. Quem salvou o mundo: a ciência, a tecnologia e o dinheiro. Custou muito caro aquilo tudo. Se a ciência não tivesse conseguido dar uma resposta rápida o mundo iria, paulatinamente, marchar para o caos. Se não existisse tecnologia *online*, a economia teria sofrido muito mais do que sofreu.

Um economista americano chamado Thomas Sowell, autor de um livro chamado *Conflito de Visões*, tem uma obra capital chamada *Intelectuais e Sociedade*, no qual ele organiza muito bem duas grandes concepções de civilização ou de mundo. Uma visão restrita e a irrestrita. A primeira entende que o ser humano tem recursos precários e limitados. Portanto, nunca vamos avançar muito enquanto sociedade. A visão irrestrita, que nasce com Rousseau, mas Platão já tem traços dela, é a visão de que o ser humano tem recursos infinitos para resolver problemas. Daí o progresso ser crescente e cumulativo para aqueles que creem nessa visão irrestrita, que não é o meu caso.

Em *Intelectuais e Sociedade*, Sowell diz que em Ciências Humanas, um professor pode falar o que quiser na sala de aula. Pode até fazer previsões de difícil realização, mas nessa área vale quase tudo. Mas, em Ciências Exatas, se um professor ensinar algo errado para uma pessoa que vai trabalhar na indústria aeroespacial, ele derruba o avião. Quer dizer, não se pode brincar com a formação técnica, em uma área muito delicada. Por exemplo, sobrepor ideologias à formação técnica, isso vai resultar em problemas.

De qualquer maneira, voltando à questão, acho muito difícil que o ser humano consiga escapar de surtos de desordem e barbárie. Por isso, o que ocorre no Oriente Médio é o conflito entre os Estados Unidos, a União Europeia e a Rússia. Basta essa discussão: ao nos alimentarmos de repertório para entender a Rússia, já percebemos como o tratamento dado a essas questões é enviesado. Por exemplo, Putin roubou a eleição. A eleição lá, realmente, não é confiável. Mas a dúvida é se o Putin precisa roubar para ganhar a eleição. A imensa maioria da população russa adora o Putin, mas do lado de cá ninguém sabe. E a imprensa não ajuda a informar.

Se forem observados os dados de mortalidade infantil, morte por alcoolismo, acidentes de carro, suicídio e homicídio, desde o ano 2000, quando Putin subiu ao poder, todos eles têm mostrado uma queda na Rússia. Isso implica estabilização social. Aquilo que, no século XIX se chamava de estatística moral. Ou seja, a vida na Rússia está melhor. E, por isso, o Putin ganhou a eleição.

Capítulo 7

UM MERGULHO NA ALMA HUMANA

Taquari: *Neste capítulo vamos falar de literatura e é impossível tratar desse tema sem lembrar logo dos autores russos. Dostoiévski, Gogol, Turguêniev e Tolstói, para ficar em apenas alguns que, como poucos, vasculharam as profundezas da alma humana. Começamos por Dostoiévski?*

Pondé: Uma frase de Dostoiévski é, até hoje, a principal fala sobre o problema moral moderno. Ivan Karamazov, de *Os Irmãos Karamazov*, disse: "Se Deus não existe, tudo é permitido e, se a alma é mortal, tudo é permitido". No mesmo sentido, o niilista Kirilov, de *Os Demônios*, disse: "Se Deus não existe, então, toda vontade é minha". Dostoiévski empurrou a moral moderna para o abismo. Porque, se não existe um absoluto transcendente para a moral, você pode fazer o que quiser porque, morreu, acabou.

Em *Os Irmãos Karamazov*, seu último romance, há o personagem que Dostoiévski dizia ser o maior que ele criou, não o que ele mais gostava (que era o Príncipe Míchkin, de *O Idiota*). Trata-se do filósofo niilista, Ivan Karamazov, o arquiteto do parricídio, aquele que leva o irmão Smerdiakov a assassinar o pai. Segundo o personagem: "Qual é o problema de matar o pai, se a moral é uma invenção humana"?

No livro *O Sentido da Realidade*, o filósofo Isaiah Berlin diz que existem dois níveis de tratamento dos objetos humanos, um que trabalha com semelhanças e repetições, mais próximo das Ciências Sociais, e outro mais profundo. Esse último, de difícil acesso. Em seguida, ele conclui: "Tem alguns autores que, devido à sua genialidade, conseguem mergulhar nesse nível de profundidade."

Aqui, abrimos um parênteses para lembrar uma imagem maravilhosa criada por Fernando Pessoa: "O homem é um poço que contempla o céu", dentro da ideia de que, estamos mergulhados na escuridão, mas há uma abertura para o céu. Trata-se de uma das melhores metáforas para a condição humana que conheço.

Voltando a Berlin, ele cita autores que lidaram bem com a superfície e outros que lidaram melhor no nível abaixo. Entre os segundos, inicialmente ele cita Pascal, (filósofo do século XVII, sobre o qual publiquei dois livros). Na sequência, cita Dostoiévski. Para Berlin, o autor foi um dos que conseguiram mergulhar nesse poço — para usar a imagem do Fernando Pessoa — e trazer intuições de como funciona esse nível. Essa metáfora de Berlin sobre Dostoiévski, além de ser aplicada a Pascal, foi também aplicada a Shakespeare e a vários autores. Tal capacidade, segundo Berlin, é mais visível em romancistas do que em filósofos ou cientistas sociais. Alguns filósofos ainda conseguem, enquanto os cientistas sociais não.

Taquari: *Tudo isso nos aproxima de Freud?*

Pondé: A referência a Dostoiévski como alguém que teria o dom de mergulhar nesse nível profundo, é muito semelhante ao próprio Freud, que seguramente foi um daqueles que conseguiu fazer esse mergulho.

Freud também se referiu a Dostoiévski como tendo tido essa capacidade de entender a alma humana, talvez mais do que ele próprio, Freud, como ele mesmo admitiu. Trata-se da capacidade de explicar numa frase de um romance algo que as outras pessoas teriam que pesquisar durante anos.

O fato é que Dostoiévski é seguramente um dos maiores autores (dediquei a ele meu segundo livro) porque conseguiu mergulhar num nível psicológico — ele diria espiritual, porque detestava que o comparassem a um psicólogo. Preferia que o chamassem de pneumatólogo, área da teologia que se dedica ao espírito humano. Vale a pena citar uma referência de Nabokov[1], que tem um livro traduzido pela saudosa Três Estrelas — uma editora que, infelizmente, desmoronou após a morte do Otavio Frias Filho — chamado *Cinco Lições de Literatura Russa*. Esse livro é do período em que Nabokov era professor. Quando começou a ganhar dinheiro com *Lolita*, ele abandonou o ensino. Nessa época, ele dizia: "Graças a Deus consegui me livrar dos alunos", porque não gostava de ser professor. Nas *Cinco Lições*, Nabokov faz uma metáfora em que os autores russos são tratados como seus alunos. Ele recorre a uma imagem bem familiar a qualquer professor — uma situação universal entre estudantes — em que, ao final do período, alguns alunos se apresentam na sala do professor por terem sido reprovados na disciplina. Então, vão "chorar nota". Hoje quase não tem isso porque é proibido reprovar aluno porque "faz mal para a autoestima". Como ninguém quer entrar em conflito com os pais ou com os psicólogos, pior ainda com os advogados, então melhor não reprovar ninguém.

Nabokov afirmava que Dostoiévski seria um desses alunos. Na verdade, ele era bastante crítico com relação a Dostoiévski, chegando a afirmar que ele não sabia escrever. Se comparado com Tolstói, esse seria infinitamente mais sofisticado. Vale lembrar que Nabokov era um autor que tinha uma enorme dificuldade para lidar com temas espirituais. Bastante cínico, estava interessado em outros aspectos da vida humana.

---

1. Vladimir Nabokov (1899 – 1977). Romancista, poeta, tradutor. Autor, entre outros livros, de *Lolita*, sucesso editorial em todo o mundo.

O cinismo e ironia, mesmo em obras como *Os Demônios*, de Dostoiévski, um livro atravessado pela ironia, não são a mesma coisa. Tanto no sentido do senso comum, como no filosófico. Entretanto, Dostoiévski é um dos autores mais distantes de qualquer noção de cinismo na literatura. A ironia de Dostoiévski segue Gogol: todos saímos do *Capote*[2] — conto famoso de Gogol — como se costumava dizer na Rússia do século XIX. Vivemos todos embaixo do capote de Gogol, acreditava Dostoiévski. Tão irônico que, às vezes, suas histórias parecem caminhar para o terror ou o realismo fantástico. Mas, sobre o que o Nabokov fala, do ponto de vista formal, é possível dizer que Dostoiévski escrevia mal porque deixava frases soltas, ele podia ser comparado com autores de um tipo de literatura vendida em banca de revista. Livros baratos, impressos num papel de baixa qualidade, com capas chamativas. Alguns romances de Nelson Rodrigues foram publicados nesse tipo de impressão. Histórias de mulheres que traíam o marido com o cunhado. Também eram publicados policiais, livros de mistério, nesse tipo de impressão. Dostoiévski pode ser comparado a esse tipo de literatura, no sentido de que se lia rápido, de fácil leitura. Muito longe da sofisticação de um Turguêniev ou de um Tolstói. Parecia um autor de folhetim. Alguns livros sem final claro.

Em *Crime e Castigo*, Raskólnikov se entrega à polícia no final, mas quando ele chega na prisão, no Gulag, na Sibéria, ele tem o Evangelho nas mãos. Nunca fica claro se ele passou por algum processo de conversão. Sônia, provavelmente, (nas obras de Dostoiévski é quase impossível se ter alguma certeza, uma vez que os personagens são muito profundos) se apaixona por Raskólnikov. A prostituta santa, como se costuma dizer. Ela vai com ele para a Sibéria e, de certa forma, tenta convertê-lo, para que ele recuperasse

---
2. GOGOL, N. *O Capote e outras histórias*. Editora 34: São Paulo, 2015. N.E.

sua fé. Então, ele está com o livro na mão, o Evangelho, e de repente o narrador corta a narrativa e diz: "Mas isso é a longa história do processo de redenção de um homem, que fica para outra hora...". Como se ele estivesse dizendo: já escrevi demais.

Taquari: *Como interpretar essa relação entre os vícios e a natureza humana?*

Pondé: Joseph Frank, que escreveu a mais conceituada biografia de Dostoiévski — os cinco volumes foram traduzidos pela editora EDUSP — lembra que o autor era viciado em jogo e perdia muito dinheiro. Nada como um vício para se tornar bom na observação da natureza humana. Pascal era viciado em jogo também. Quando se tem algum vício, isso ajuda a entender a natureza humana. Dostoiévski teve muitas amantes, mas não se pode dizer que tinha um vício em relação às mulheres. Esse hábito também pode ser considerado um vício que pode, entre outras coisas, levar uma pessoa a perder seu patrimônio, como no jogo. Tolstói talvez estivesse mais perto disso, com a diferença que era rico. O fato é que Dostoiévski escrevia rápido porque tinha que entregar o livro e pegar o próximo adiantamento. *Os Irmãos Karamazov* não tem um final claro. Nas últimas páginas, não dá para saber direito o que acontece com Dmitri. Embora se saiba que quem matou o pai foi Smerdiakov, o quarto filho, bastardo, nascido de uma relação do pai, Fiodor, com uma serva, mulher apresentada como uma pessoa quase sem domínio de suas faculdades mentais. Esse mais novo era diferente dos três filhos oficiais do patriarca, que são os personagens principais do romance, Aliocha, Ivan e Dmitri.

Diante do que diz Nabokov, quem não conhece a obra do Dostoiévski, pode ficar com uma má impressão, mas quem conhece a história dele, sabe que, escrever o que ele escreveu, sob as condições em que ele vivia, incluindo as dificuldades financeiras, na realidade denota mais um talento do que uma falha. Se comparar com a vida que Tolstói teve, rico como ele era, Dostoiévski parece emergir de um contexto muito mais dramático. Tudo que Tolstói sofreu se deve aos problemas que ele mesmo criava. Ele era extremamente obsessivo com ideias. Tinha muitos problemas com mulheres e com sua obsessão com relação a alguns assuntos. Ele escreveu um conto chamado *O Demônio*, onde a personagem é uma serva. Provavelmente, é autobiográfico. Na história, o senhor é obcecado pela serva, que é chamada de Demônio.

Dostoiévski não era um autor que escrevia de forma sofisticada. Ainda assim, ele acaba produzindo uma percepção no leitor de que, na realidade, a vida é que é confusa. E as pessoas seriam confusas porque não conseguem se aprofundar naquilo que sentem e passam. O resultado é que, quando se lê os livros dele, não dá para saber a idade dos personagens, não se sabe direito como eles se vestem, como são os elementos exteriores que são sempre tratados de forma que nunca fica evidente.

Tolstói escrevia painéis. *Guerra e Paz* é um grande painel, quase um tríptico do período que ele descreve, o início do século XIX, em que ele mesmo não era nascido. Ele nasceu em 1828.

Dostoiévski mergulha nos personagens e faz um atravessamento por dentro. Um psicólogo nato.

Taquari: *Trata-se de um mergulho na alma humana?*

Pondé: Sim, por isso ele é apontado como um escritor que descreve a alma humana como raramente se fez. Quando se compara Dostoiévski a Shakespeare, por exemplo, ainda que um fosse romancista e o outro dramaturgo, em épocas e universos linguísticos diferentes, aparece a mesma característica de mergulhar nesse poço que falamos anteriormente, indo ao fundo.

Dostoiévski tinha um processo de criação que começava pelo desenho. Ele desenhava nas margens dos cadernos em que ia reunindo as ideias, antes de virar livro. Usava um lápis para retratar figuras que representavam os personagens. Curiosamente, antes de criar o enredo, ele criava o personagem. Esse processo começa pela alma humana e, depois, se vai à ação. A partir do personagem vai nascendo a ação, a ponto de que ele tinha na cabeça um personagem que seria o protagonista de um livro que pretendia escrever no qual queria narrar a vida de um santo, e esse personagem se desdobrou, no mínimo, nos três irmãos Karamazov.

Além de Nabokov, outra referência negativa sobre Dostoiévski, é feita pela chamada Escola de Chicago, que estuda as obras dele do ponto de vista da esquerda e enxerga o autor como um reacionário. Os estudos sobre ele nas áreas de Letras têm sido inundados, obviamente, por essa tradição de esquerda. A área de Letras, como um todo, é muito miserável intelectualmente, atravessada por modas, obsessões, dominada pela crítica marxista, pela crítica literária formalista. Todos seguindo pequenas "igrejas".

Então, para encontrar uma análise da obra de Dostoiévski que não o classifique como um "reacionário político" é necessário migrar para estudos teológicos. A teologia russa é muito importante na obra de Dostoiévski. E, portanto, lê-lo na chave da teologia russa é mais fácil para não cair na armadilha dos departamentos de Letras dos Estados Unidos, que colonizaram os do Brasil.

Ao longo de sua vida, Dostoiévski nunca foi ateu como se chegou a acreditar até algum tempo atrás. Ele foi condenado à morte por atividade política contra o Estado. No instante em que ele ia ser fuzilado, na prisão Pedro e Paulo, em Petersburgo, sua pena foi transformada em prisão perpétua na Sibéria. Ele conta isso em cartas e o personagem do romance *O Idiota* narra que viu isso acontecer com um prisioneiro.

Entre a ida para a Sibéria, a experiência de viver lá durante 9 anos e o quase fuzilamento, ele acaba passando por um profundo processo de conversão religiosa. O autor vai de uma fé dispersa, um tanto descuidada, para uma fé profunda, praticante, de ida a mosteiro, de bater a cabeça no ícone, como fazem os russos.

Em *O Idiota*, Míchkin é um príncipe que, na realidade, é um místico. Dostoiévski dizia que esse era o personagem que ele mais amava, de todos os que criou.

Para os russos e gregos, os ícones não são arte figurativa. O ícone não é uma representação do santo, de Cristo, ou da Virgem Maria que eles chamam de Theotokos — a mãe de Deus. O ícone é a materialização das energias do Espírito Santo. A pessoa que pinta o ícone está em transe místico. Na linguagem de hoje, é como se ela canalizasse o santo e o materializasse na figura do ícone. Não é um artista "qualquer" que está pintando a Santa Ceia, ou a crucificação de Cristo, não. Aquele que está pintando materializa o Espírito Santo na imagem do ícone. Isto significa que, para os fiéis, o ícone é absolutamente sagrado. O que é explicado em todo o jogo de luz, no dourado, no ouro, na representação de Deus pela luz. A sombra, a escuridão, o contraste, ou seja, todo o processo em que a alma está entre as trevas e a luz.

Taquari: *Então, o grande autor acaba abraçando a religião?*

Pondé: Tem um trecho de uma carta que Dostoiévski escreveu a uma das pessoas com quem se correspondia, incluindo o irmão dele, Mikhail, em que ele diz algo assim: "Se, por acaso, a ciência provasse que Cristo não é verdade, eu ficaria com Cristo e não com a verdade".

Esta alma russa, religiosa, profunda, às vezes beirando o irracional, que está em Dostoiévski, aparece na obra dele. Se você retira a dimensão mística, espiritual de sua obra, dificilmente consegue tocar os personagens. A herança, a própria ideia de que haveria uma polifonia na obra dele, no sentido de que os personagens têm várias vozes, ou seja, cada personagem é habitado por uma confederação de vozes, essa é a polifonia. Hoje é muito claro que essa polifonia é a representação do fato de que a alma pecadora, caída, é despedaçada dentro dela. Por isso, ela tem várias vozes contraditórias. Ou seja, o que está embaixo da polifonia é a própria teologia do pecado, a teologia oriental do pecado, russa e grega. Do diabólico, que significa despedaçado. O contrário do simbólico, que reúne.

Então, temos uma leitura da obra do Dostoiévski que, ou o enquadramos numa posição religiosa ou cometemos o equívoco de colocá-lo na lista maldita dos reacionários.

No século XIX, mas não apenas naquele período, a Rússia já enfrentava um conflito entre a busca da europeização, ou ocidentalização, e do outro lado, a tentativa de se afastar da ocidentalização. Ou seja, a recusa da modernização. Na época, isso era chamado de ocidentalizante versus eslavófilo. Essa divisão aparece até hoje.

O próprio Putin é alguém que tinha uma origem mais ocidentalizada e hoje é claramente eslavófilo. Ele despreza o Ocidente.

Taquari: *Eles têm orgulho da tradição eslava....*

Pondé: Sim, e da ideia de que a Rússia é única, europeia e asiática. Nela, as duas tradições se encontram. Para eles, a parte ocidentalizada é degenerada pela modernização. Ao mesmo tempo, há uma linhagem na Rússia que quer se modernizar, representada acima de tudo pela criação de Petersburgo, fundada por Pedro, O Grande. O Czar queria uma Rússia moderna, o que seria objeto de muita literatura russa, inclusive do próprio Dostoiévski que, apesar de ter nascido em Moscou, viveu a maior parte do tempo em Petersburgo, a capital do império na época.

Moscou acabou sendo identificada com essa Rússia profunda, religiosa. Quando os soviéticos mudam a capital de volta para

Moscou, não porque fossem religiosos, mas porque achavam que Petersburgo estava muito perto da Europa, embora esteja junto ao Golfo da Finlândia, eles reforçam essa simbologia da Rússia profunda e singular. Então, a capital volta para Moscou por questões estratégicas. Moscou é uma cidade muito austera, tem 800 anos, diferente do caráter profano de Petersburgo.

Entre os livros de Dostoiévski, em *O Idiota*, com seu personagem Míchkin, o autor chega a sua desejada figura crística. Um príncipe, na Rússia, não significa ser filho do rei, da rainha, do czar, mas um título de nobreza. É o título mais alto porque, supostamente, os príncipes e princesas seriam descendentes dos boiardos que, miticamente, teriam expulsado os tártaros e os mongóis e criado a Rússia. Para os russos, os príncipes seriam nobres que não foram inventados pelos Romanov, que distribuíram títulos como barão, conde e outros.

Enquanto os Romanov distribuíram inúmeros títulos para constituir sua nobreza, os príncipes vinham de famílias mais antigas. Vinham lá da Idade Média. Por isso, um eslavófilo radical achava que a única nobreza russa era a dos príncipes, uma vez que os Romanov vinham de uma família germanizada.

O pai de Tolstói era conde, e sua mãe, princesa. Pelo lado materno, Tosltoi descende de uma família antiga como os boiardos. Daí, provavelmente, vinha a arrogância dele. Com a morte do pai, o escritor ficou com o título de conde.

Um descendente de Tolstói, hoje, é deputado, seguidor de Putin. Atende pelo nome de Conde Tolstói. Nos discursos na Doma, o Parlamento russo, ele repete as ameaças de Putin à OTAN.

Capítulo 8

"ENFORQUEM 100 KULAKS, PENDUREM 100 DELES NAS RUAS"

Taquari: *Pouco lembrado, Gogol é um dos grandes nomes da literatura russa?*

Pondé: Uma frase de Dostoiévski dá toda a dimensão da importância de Gogol na literatura russa: "Todos viemos debaixo do Capote", uma referência direta ao conto *O Capote*, de Gogol. Nikolai Vasilievich Gogol, nascido em 1809, teve enorme influência na geração posterior a ele, principalmente Dostoiévski e Turguêniev. Nascido numa família pobre, de uma aldeia ucraniana, ele teve uma vida curta e bastante infeliz. Escreveu muitos contos, marcados por situações meio fantasmagóricas, surreais. Esse viés vai marcar a literatura russa, ainda que de uma forma mais austera. Na obra de Gogol, essa dimensão, digamos do sobrenatural, está sempre vinculada a um traço satírico, irônico, quase cínico, que vai aparecer também em Dostoiévski, em imagens de cadáveres enterrados que conversam entre si. O funcionário cadáver poderia ser um general, não militar, do alto funcionalismo público. Um alto general reclamava que suas pernas estavam apodrecendo. Cadáveres gemiam de dor. Tudo isso é muito gogoliano.

Fora o romance inacabado dele, *Almas Mortas*, *O Capote* tem um lugar importante na obra do Gogol. Nessa obra, vemos alguns dos maiores elementos que vão transitar por esse universo bastante obscuro, miserável. Aqui eu não me refiro à miséria dos mujiques, dos camponeses, mas sim um desdobramento da modernização russa, das pessoas que passavam fome nas cidades, já no processo de modernização.

Há um conto de Turguêniev, parte da coletânea com a qual ele surgiu como figura literária importante, *Memórias de um Caçador*, uma série de histórias curtas, em que um caçador sai pela sua propriedade caçando e refletindo sobre as coisas. Existiam dois tipos de caça. Aquela em que o caçador sai com um monte de servos e de cachorros, cena típica da nobreza, que aparece muito em filmes. No outro tipo, o caçador, um nobre, saía sozinho ou acompanhado apenas por um servo experiente, para um tipo de caça em que eles ficavam dias na floresta. Havia um componente meditativo, em que a pessoa entrava em contato com dimensões misteriosas da noite, escutava criaturas noturnas. Num desses contos, o caçador encontra um grupo de jovens reunidos embaixo de uma árvore, em torno de uma fogueira. Estavam conversando sobre o motivo de um deles ser um jovem muito triste, que se isolava e chorava com frequência. O caçador, o personagem — que era um *alterego* de Turguêniev — passeava pelas imensas propriedades de sua mãe, muito rica. Então, ele ouve a história de que esse jovem, o rapaz triste, ao andar pela floresta e encontrara uma mulher muito linda, chorando, uma figura meio translúcida. E ela, então, se encanta com ele. A mulher se apresenta como uma dessas criaturas que a gente chamaria de pagãs, das crendices populares russas, uma mulher solitária. Então, quando ele a vê começa a rezar, como cristão que era, com medo. Então, ela diz que era muito triste porque estava apaixonada por ele e queria que vivessem juntos. Mas, como ele rezou uma oração cristã, ela não podia mais aceitá-lo e que ele teria que ir embora. Só que passaria o resto da vida chorando, assim como ela, na solidão. Uma explicação completamente mística para a tristeza do personagem. É interessante como a gente percebe que, ao longo de toda a história da humanidade, a riqueza de explicações místicas para estados psicológicos é abundante. Hoje, a gente chamaria o sujeito de deprimido.

Taquari: *O que mais marcou a literatura russa do século XIX?*

Pondé: Essa dimensão meio fantasmagórica na obra do Gogol se espalha pela literatura russa do século XIX, não no sentido de que sem o Gogol ela não existiria, mas que ele foi o primeiro que produziu uma literatura rica a partir dessa abordagem do mundo. No caso de *O Capote*, ele narra a miséria daqueles funcionários públicos que iam para Petersburgo trabalhar em funções absolutamente ridículas, que ganhavam muito mal, que eram uma escória da sociedade. Eles vinham de longe, das aldeias, procurando melhorar de vida. Akaki, o personagem principal, tem um capote rasgado, sujo, fedorento. Os artefatos de inverno sempre foram, na Rússia, e até hoje o são, marcadores de status social. Como o personagem tinha apenas um capote sujo e rasgado, quando ele chegava na repartição e pendurava o casaco, ele era humilhado, sofria *bullying*. Não era convidado para as festas, era espicaçado, as mulheres não olhavam para ele. Então, ele junta todas as suas economias para mandar fazer um capote novo e decente. Quando ele chega pela primeira vez à repartição com seu capote novo, as pessoas começam a comentar, a sorrir para ele, e logo passa a ser convidado para as festas dos colegas. As pessoas param de fazer *bullying* e as mulheres passam a sorrir para ele. Um marcador de status social, como Machado falava nas obras dele, sobre as charretes dos ricos, com detalhes de ouro. Então, um dia, ele é assaltado e levam o seu capote. Com isso, ele passa a usar o capote sujo e rasgado. E aí ele volta a ser humilhado, não é mais convidado para festas, as mulheres não sorriem mais para ele na rua. Em seguida, ele entra em depressão e morre de uma daquelas doenças da época. Enquanto estava doente, a proprietária do local onde ele morava lamentava o fato de que ele não morria logo, porque ela queria pegar as botas dele. Ele morto, passa a circular pela cidade, fazendo o mesmo que vinha fazendo em seus últimos dias, atormentando as pessoas, puxando o capote dos homens, achando que era o dele, que havia sido roubado. Aqui entra o elemento fantástico: o fantasma tenta arrancar o capote dos outros homens.

No conto há uma sociologia da modernização russa, na sua camada miserável do funcionalismo público, que era uma das poucas opções de trabalho que havia. Há marcadores de status social de um clima frio: capote, bota, cachecol, luva, gorro. Depois, a dimensão do sobrenatural. Ou seja, a pessoa morre e continua apegada a um capote. Há todo um *statement* sobre a vida após a morte nesse conto. A vida após a morte é a continuação da existência, sem a possibilidade de retorno. Significa a eternidade de uma pessoa ser atormentada por algo que aconteceu nessa existência.

Quando se diz que a literatura russa do século XIX nasceu com *O Capote*, é no sentido de que é possível encontrar elementos gogolianos na sociologia da miséria que os russos produzem à época. A exemplo do conto *Os Mujiques*, de Tchekhov, que vinha de uma família de mujiques — ele nasceu servo, em 1860. A emancipação dos servos ocorreu em 1861. A diferença é que a família do Tchekhov era de kulaks, uma expressão que significa mujiques burgueses. Mujique é o camponês russo. Entre eles, havia alguns que tinham se destacado em sua atividade e desfrutavam de uma situação diferenciada. Alguns tinham até escravos ou servas, submetidas à exploração sexual. O avô e o pai de Tchekhov eram servos bem-sucedidos, kulaks, porque se destacavam na gestão das propriedades dos senhores. Em troca, ganhavam mais, tinham uma vida melhor. Essa classe social burguesa rural, egressa da servidão, quando vem a emancipação, prospera muito melhor, porque já eram verdadeiros homens de negócios. Tchekhov nasce numa família dessas. E por isso ele estudou Medicina, virou médico e escritor. Morreu jovem, aos 44 anos.

Quando ocorreu a Revolução Russa e Lênin percebeu que não haveria sucesso sem atrair os camponeses, a esmagadora maioria da população, os mujiques, ele teve a ideia de levar a luta de classes para o interior do campesinato. Os bolcheviques eram um fenômeno urbano. Eles acreditavam que era preciso criar a maior destruição possível do tecido social, de forma que eles, sendo os mais violentos de todos, conseguiriam tomar o poder. Então, Lênin teve a ideia de jogar a imensa maioria dos mujiques contra os kulaks, que eram os burgueses rurais. E os massacres foram gigantescos. Os roubos, os estupros das mulheres kulaks, incêndios de propriedades, eram as táticas dos bolcheviques contra aquela parcela da população. Uma violência que, aos olhos dos bolcheviques, era a revolução no campo. Era a guerra civil. Existem cartas famosas, do Lênin, em que ele estimula os camponeses a assassinar os kulaks e estuprar as mulheres. Há uma carta específica, onde ele ordena: "Enforquem 100 kulaks, pendurem 100 deles nas ruas. Deixem que apodreçam nas árvores, para que todos vejam que estamos matando e vamos seguir matando kulaks".

Tchekhov não chegou a ver a revolução russa. Morreu em 1904. Então, ele não viu o que aconteceu, muito provavelmente, com membros da própria família. De todos os grandes autores — Gogol era muito pobre, mas não vinha de uma família de servos — Tchekhov foi o único que viveu a condição de servo. Ele era muito cobrado por não assumir posições políticas, se era a favor da modernização da Rússia ou da ideia de que o país deveria permanecer ancestral, profundo, religioso — Putin representa um pouco essa tradição. Então, Tchekhov responde: "A vida sem ser chicoteado é muito melhor". Ou seja, ele responde que prefere a modernização.

Taquari: *Seria correto colocar Turguêniev ao lado de Dostoiévski e Tolstói na literatura russa?*

Pondé: Normalmente, quando se fala de literatura russa, costuma se dizer que Dostoiévski e Tolstói são os maiores. Mas Turguêniev é, sem dúvida nenhuma, tão grande quanto esses dois. Ele tem uma escrita um pouco mais leve, mais jornalística. Dostoiévski possui uma densidade psicológica e espiritual incomum. Tolstói é de uma precisão sociológica nos painéis em que ele descreve a aristocracia russa, da qual ele fazia parte, inigualável. Ainda que não na dimensão de Petersburgo, porque ele preferia Moscou e o campo a viver entre aquela população mais sofisticada.

Turguêniev era filho de uma mulher muito rica, uma espécie de "filhinho de papai". Nunca teve que trabalhar para ganhar a vida. Manteve-se de mesada da mãe até se tornar o herdeiro. A mãe é apresentada por ele e pelos biógrafos como uma mulher terrível que tinha, por prazer, humilhar e chicotear os servos. O pai era viciado em jogos e amantes, e também não trabalhava, porém mais afetivo que a mãe. Na Rússia daqueles tempos, as mulheres podiam herdar as posses da família e não eram obrigadas a dividir os bens com os maridos, nem mesmo ceder a gestão a eles. Isso produzia mulheres muito poderosas e a mãe do Turguêniev era uma delas. Turguêniev era favorável à modernização na Rússia, ao contrário de Dostoiévski e Tolstói. Era um ocidentalizante, como se falava na época, ou europeísta como se fala hoje. Ele se autoexilou na França, porque chegou a participar de círculos ditos revolucionários, onde intelectuais produziam jornais a favor da libertação dos servos. Ele faz parte dos mesmos círculos frequentados, entre outros, por Dostoiévski, Tolstói e Bakunin[1]. Por isso, ele acabou deixando o país. Turguêniev tinha muito medo de se envolver em polêmicas.

Estreou com *Memórias de um Caçador*, uma coletânea de contos, mas sua maior obra é *Pais e Filhos*, lançada em 1862. Acredita-se que o livro estava pronto dois anos antes, mas ele não lançou em 1861, com medo, porque esse foi o ano da emancipação dos servos e ele temia possíveis reações dos setores contrários à libertação, que ele defendia.

Turguêniev levava uma vida de recolhimento. Não se casou e foi amante de uma cantora de ópera franco-espanhola, Madame Viardot, muito famosa na época. Casada com um milionário francês, ela morava em Paris e era conhecida pelo grande número de amantes. O autor foi apaixonado por ela a vida inteira e chegou a morar com ela e o marido. Teve uma filha com uma serva, o que era comum na época.

Taquari: *De certa forma, Turguêniev antecipou um problema que viria à tona um século depois?*

Pondé: O livro *Pais e Filhos* retrata o que veio a ser chamado, 100 anos depois, de conflito de gerações. No livro, o pai representa a geração que era adulta em 1840 (Turguêniev nasceu em 1818) e os filhos faziam parte da geração que chegou à

---

1. Mikhail Aleksandrovitch Bakunin (1814 – 1876). Sociólogo e filósofo, considerado uma das figuras mais influentes do anarquismo.

idade adulta em 1860. Na Rússia do século XIX era a chamada "Geração de 60". Cem anos antes de falarmos da geração dos anos 1960 do século XX. No livro, a geração dos anos 1840 via os jovens da geração de 1860 como levianos e niilistas. Nesse romance, Turguêniev descreve o primeiro jovem niilista russo na literatura, que é o personagem principal, Bazarov. Ele faz um retrato da Rússia daqueles tempos, onde de um lado havia a geração nascida por volta de 1840, que assimilou um conhecimento ocidental, muitos encantados ou que pelo menos conheciam a civilização europeia, principalmente, França e Inglaterra. Eles conheciam aquela civilização, mas não tinham feito nada para mudar a Rússia, além de escrever livros, panfletos e artigos. A geração de 1860 começa a cultivar a ação e vai ser a ancestral dos bolcheviques. Podemos tomar como exemplo Chernyshevsky[2], o grande guru de Lênin, muito antes dele conhecer o marxismo. É essa geração que vai estimular o terrorismo, a ida à clandestinidade e o ataque que resultou na morte de Alexandre II, o czar liberal que emancipou os servos. Ele foi morto por um grupo terrorista russo.

Turguêniev decide retratar a relação entre essas duas gerações. O jovem Bazarov, recém-formado em Medicina, representa a Ciência, a Europa Ocidental e a rejeição à superstição. Filho de um médico de província, que tratava seus pacientes com ervas e desconhecia a medicina científica da época, Bazarov simboliza o contraste entre o novo e o antigo. O livro narra a relação entre Bazarov e seu amigo mais jovem, uma espécie de discípulo, o Arkadi. Em dado momento, eles vão visitar os pais de ambos.

---

2. Nikolay Gavrilovich Chernyshevsk (1828 – 1889). Escritor, jornalista e revolucionário, que cumpriu pena na Sibéria por ter participado de movimentos contra o czar.

Saem da capital, da modernidade, e vão à província encontrar a geração dos pais. Os dois amigos representam as novas ideias. Ao ler *Pais e Filhos*, chega a ser constrangedor pensar que os conflitos entre gerações não são algo exclusivo da nossa época. Na verdade, esses conflitos surgem desde os tempos da revolução industrial, da máquina à vapor, da evolução da ciência e a popularização das instituições científicas, pela percepção de que todo conhecimento da era pré-século XIX não servia para nada. Aquilo que até hoje os jovens acham em relação a seus pais e avós. O desprezo pelos mais velhos é algo que veio junto com a modernização. A diferença é que hoje, aqueles que pertencem à era pré-digital também são desprezados. É estrutural da modernidade desprezar os mais velhos. Não é conjuntural. Está inscrito na dinâmica social, econômica e política moderna, que significa a ruptura e deslegitimação do passado. No livro, Turguêniev se propõe a descrever a psicologia de um niilista, que é Bazarov. Arkadi é um candidato a niilista, encantado com seu amigo mais velho que falava em revoluções científicas. Bazarov é desafiado por um personagem chamado Pavel, tio do Arkadi, que perdeu a vida por ter amado muito uma mulher que o traiu e o abandonou. E Bazarov o acha um idiota.

Mas, Bazarov é um homem do século XIX portanto, não era um idiota, era um cavalheiro, um homem que respeitava os mais velhos. Então, Pavel, esse tio do Arkadi, que passa o romance debatendo ideias com Bazarov — ele descreve Bazarov como aquele tipo de homem que "não acreditava no amor, mas acreditava em dissecar rãs". Ele passava o tempo todo dissecando rãs porque queria entender o sistema fisiológico delas para, quem sabe um dia, compreender o sistema fisiológico humano. E ele achava que o amor era uma idiotice, uma besteira, uma superstição. Mas eis que ele, Bazarov, que se considerava imune ao amor — afinal, ele se entendia como um niilista, um revolucionário — se apaixona. Ele se apaixona por uma mulher chamada Anna Sergueievna. Embora também se encante com Bazarov, ela se recusa a ficar com ele porque não queria ser dominada por homem nenhum. "Eu quero muito conhecer esse jovem que se dá ao luxo de não acreditar em nada". No fundo, o que estava implícito era que um homem que não acredita em nada seria o homem mais viril na face da Terra. Ela de fato se apaixona por ele, mas recua, o que o leva à uma forte depressão. No final, ele está dissecando o cadáver de um homem que morreu de tifo e se corta, possivelmente de propósito. E morre de tifo. Arkadi se apaixona pela irmã mais nova da Anna Sergueievna e ela por ele. Juntos, ficam muito felizes e, como resultado, Arkadi abandona o niilismo.

O livro provocou muita polêmica na Rússia. Quando Turguêniev morre, em 1883, o corpo dele é levado da França, onde ele morava, a Petersburgo. O enterro foi um grande acontecimento. Ele era muito famoso. O livro dividia opiniões na Rússia. Turguêniev começou a escrevê-lo com a intenção de criticar o niilismo. Mas, como ele próprio afirmou, Bazarov se revelou um personagem encantador. Do niilista arrogante ao jovem apaixonado, depressivo, que acabou por admirar Pavel, que ele achava um idiota de início.

Turguêniev é o autor que conseguiu retratar essa geração niilista muito bem — Dostoiévski também o fará anos depois, com *Os Demônios*, mas de uma forma mais teológica e espiritual. Turguêniev conseguiu descrever esse jovem Bazarov de uma forma que nos faz entender o que era o niilismo na Rússia do século XIX. O personagem é um cavalheiro, não um boçal. Turguêniev teve uma vida pequena. Não foi uma vida como a de Tolstói, que foi para a guerra da Criméia, que teve um monte de filhos, virou um guru na Rússia, organizador de movimentos sociais. Ou mesmo como Dostoiévski, que teve uma vida trágica, dramática. Turguêniev viveu uma vida segura, pequena, sem correr riscos.

Taquari: *Agora falando sobre Tchekhov, o que podemos destacar na obra dele?*

Pondé: Tchekhov ficou famoso com seus contos e peças. Morreu jovem, aos 44 anos. As peças dele, *Três Irmãs*, *Jardim das Cerejeiras*, *Tio Vanya*, fizeram sucesso em todo o mundo e algumas são encenadas até hoje. O primeiro grande sucesso dele, *A Gaivota*, é a história de uma atriz decadente, que envelheceu. Ela está numa propriedade rural onde as pessoas ficam falando o tempo todo do passado. Ela sofre porque não é mais tão bela. O título vem do fato de que, como dizem os personagens, a gaivota era uma ave bela que, quando envelhece e se aproxima da morte, se afasta. A personagem é a gaivota.

Três Irmãs é a história das irmãs que moram numa propriedade falida — muito típico das peças do Tchekhov — de uma família da baixa aristocracia rural. Elas passam a peça inteira falando que vão para Moscou e lá vão conhecer o homem da vida delas. A vida passa, elas ficam sonhando com a tal viagem e nada acontece.

Jardim das Cerejeiras também se passa numa propriedade falida, que tem um grande pomar de cerejeiras, cultivado há três ou quatro séculos. A propriedade está hipotecada. A irmã é quem administra, enquanto o irmão é um incompetente que nunca trabalhou. Embora seja a única que trabalha, a irmã se perde ao se apaixonar por um homem que não presta e gasta todo o seu dinheiro com esse vagabundo. No final da peça, apesar de tudo que ele havia aprontado, ela ainda vai atrás dele. Ela tem um homem de confiança que cuida da propriedade, seu servo, um kulak, que cresceu com a compra e venda de propriedades. Esse homem, supostamente, estaria tentando salvar a propriedade e negociando a dívida com o banco. Mas, lá pelas tantas, fica claro que ele não estava negociando nada. Estava mesmo era tratando de tomar a propriedade dela. Na última cena, ela cai em desespero, chorando porque perdeu a propriedade dos pais e dos avós. A peça termina com uns trabalhadores derrubando as árvores do Jardim das Cerejeiras. O ex-servo e agora proprietário, vai destruir o Jardim, com 300 anos de idade, para construir um condomínio de veraneio. A miséria da burguesia feliz.

É comum se dizer que *Tio Vanya* é uma peça sobre o envelhecimento. Mais do que isso, é uma história sobre o envelhecimento, visto com a percepção de que você perdeu a vida. O personagem principal, Ivan, que é Tio Vanya, passou a vida cuidando de uma propriedade então falida. Sua sobrinha, Sonia, filha de uma irmã de Vanya, já falecida, o ajuda a cuidar da propriedade. Ela é uma jovem feia, como o autor deixa bem claro. Em dado momento, ela diz: "Eu não tenho futuro. Nenhum homem vem até aqui e eu sou uma mulher feia". Hoje, Tchekhov seria apedrejado até a morte porque ele estava descrevendo uma verdade. Além desses dois, os personagens principais, há muitos outros.

A mãe de Sonia, que havia falecido, herdou a propriedade. Então, em vez de Vanya receber a herança, quem herdou foi a irmã dele. Quando morre, ela passa a propriedade para o marido, pai de Sonia, que se torna o novo dono. Esse homem, era tido como um grande intelectual em Petersburgo, mas ao longo da peça fica claro que ele é um nada, não tinha qualquer prestígio na grande cidade. Viúvo, ele se casou com uma jovem, Helena, que fora sua aluna e se encantou por ele, mas, em pouco tempo, esse encanto desapareceu. Helena é descrita como uma deusa, uma mulher de uma beleza incomum. Vanya é apaixonado por ela. Há um outro personagem que é o médico da peça, também apaixonado por ela. O médico e Vanya são homens que estão entre 45 e 50 anos de idade. Helena é apaixonada pelo médico, mas não tem coragem de largar o marido, porque ia ficar mal falada. A peça começa quando ela e seu marido chegam para passar um tempo na propriedade. Ele é o dono, mas não trabalha. Ao longo da peça fica claro que, na realidade, ele não tinha qualquer importância em Petersburgo e sua suposta "obra" era uma nulidade. Num dado momento, Vanya diz que esse homem era um "mero filósofo da arte", que nem artista era. Trata-se de uma referência à ideia de que arte, supostamente, seria apenas diletantismo. Nas escolas de Filosofia sempre predominou a ideia de que os pensadores sérios devem se dedicar à política, ética, religião, metafísica, epistemologia, linguagem, mas não filosofia da arte. Na peça, o personagem é apresentado como um filósofo da arte. Aos poucos, Vanya toma consciência de que ele perdeu a vida trabalhando numa propriedade para sustentar um cunhado que, a princípio, era tido como um grande intelectual, mas era, na verdade, um impostor. Casado com Helena, ele descobre que, na realidade, ela ama o médico, o único personagem vivo da peça. Por isso que, tanto a Helena como a Sonia, são apaixonadas por ele. O médico nunca se casou. Há um momento em que ele propõe à Helena que fosse embora com ele, mas ela não tem coragem. Ele é o único personagem vivo, primeiro, porque é envolvido com seus pacientes. Segundo, pelo seu envolvimento com a ciência, com seu trabalho. Além disso, ele tem uma causa. É um ambientalista, já naquela época. Acontece que a revolução industrial russa, a exemplo das demais, foi muito destrutiva. A grande paixão da vida do médico é o trabalho que ele faz para o reflorestamento, além do cuidado com a fauna e a flora que estavam sendo destruídas pelas fábricas e os condomínios. Isso faz do médico um personagem que tem vida, tem projetos. Vanya é um deprimido, que não fez nada da vida além de sustentar um inútil, o cunhado. Helena é uma linda mulher que se apaixonou por um homem que não era nada do que tentava parecer e passou a gostar de outro homem. Sonia, uma jovem que mora no fim do mundo e é feia. Todos perderam a vida. Tem um filme japonês *Drive my Car*, que é tão baseado na peça que, quem não leu Tchekhov, perde parte do filme. O filme conta a história de um diretor de teatro e de sua esposa, atriz e também diretora. Eles estão montando *Tio Vanya* e ele ouve trechos da história, enquanto dirigia o carro. Esse diretor tem um drama em sua vida: é casado com uma mulher que tem, por hábito, sair com todos os jovens da companhia de teatro. Ele não entende isso, até porque eles têm uma vida sexual que ele considerava muito boa. Estão com seus 40 anos. Ele chegava em casa sempre em silêncio para ver se a mulher estava transando com algum jovem. Quando ele percebe que ela estava com alguém, ele vai para um hotel, onde ficava esperando horas, até voltar para casa, fingindo que não sabia de nada. Ele se pergunta porque ela fazia isso, se eles tinham uma vida sexual bastante ativa, trabalhavam bem juntos e conviviam bem. Um dia, ele chega em casa, ela está transando. Ele vai para um hotel, passa um tempo e, quando volta, ela está morta. Teve um ataque cardíaco fulminante. Então, ele vai passar o resto da vida sofrendo porque ele nunca perguntou porque ela o traía. Por que isso é uma adaptação de *Tio Vanya*? Porque a peça de Tchekhov não é apenas uma história sobre o envelhecimento. É uma peça sobre a consciência de que você perdeu a vida. Eu posso refletir sobre envelhecimento e não ter a impressão de que perdi minha vida. Ao contrário, posso acreditar que realizei coisas, que tomei decisões sérias na hora certa. Que tive a coragem de tomar decisões difíceis, que fui capaz de enfrentar coisas que outros não teriam coragem de enfrentar. Vanya não teve coragem. Não foi capaz de mandar o cunhado à merda e dizer algo como: "Vou embora, trabalhar em outra coisa, porque isso aqui não é meu!" Na realidade, seu cunhado não o tratava mal. O problema é que ele sabia que a propriedade não era dele e passou a vida sustentando um sujeito que nem mesmo era um grande intelectual. Era uma farsa.

No filme, o diretor monta a peça e a fita termina com a montagem. Na peça, na cena final, todos vão embora e ficam Sonia e Vanya sozinhos na propriedade. Nesse momento, Sonia tem uma fala final que é belíssima: o reconhecimento da vida perdida e a esperança de uma felicidade na vida após a morte. No filme, quem faz o papel da Sonia é uma atriz casada com um produtor, uma coreana muda. O diretor consegue fazer essa última cena da peça com uma atriz muda, com todos aqueles gestos – na legenda aparece a tradução porque ela é muda. A cena é maravilhosa e esse filme ganhou o Oscar de melhor filme estrangeiro.

Capítulo 9

UM SOCIALISTA UTÓPICO E CRISTÃO

Taquari: *Interessante notar que as obras de Tolstói abordam temas bem diferentes. Em* Anna Karenina, Guerra e Paz *e* A Morte de Ivan Ilitch, *os temas vão de romance a um retrato histórico e a uma abordagem sociológica da Rússia no século XIX?*

Pondé: Tolstói era bastante versátil no seu universo de temas e abordagens. *Guerra e Paz* tem longos trechos de Filosofia da História. Por conta disso, ele foi muito criticado. Diziam que era um absurdo misturar filosofia com literatura. Acontece que Tolstói, ao longo da vida, vai passando de ficcionista para alguém que tinha preocupações filosóficas claras. Ele tinha preocupações desde a política, evidentemente não partidária, mas com a organização e distribuição do poder, com a violência. Tinha preocupações em relação à natureza. Era vegetariano e se opunha ao sofrimento dos animais. Nesse contexto, demonstrava preocupações sociais e políticas, acreditando que os seres humanos deveriam viver em harmonia com a natureza. No século XIX, as pessoas ainda viviam de maneira próxima à natureza. No entanto, para ele, isso não era o bastante. Ele acreditava que era necessário viver como os mujiques, os camponeses. No livro *Confissão*, belíssimo, foi escrito logo após sua desistência de cometer suicídio. Trata-se de um texto ensaístico, em que ele avalia sua luta contra o suicídio, a partir de princípios religiosos, espirituais ou mesmo filosóficos. Tolstói era um homem de uma energia monstruosa. Um verdadeiro guru, um líder espiritual e político, mas utópico. Queria que as pessoas abrissem mão de suas propriedades. Era um socialista utópico, cristão. Tentou doar todas as suas propriedades para os servos, mas a família o impediu. Evidentemente, os parentes não iriam querer perder todos os bens. Era muito rico, herdeiro de todos os bens da família, porque não havia mais ninguém de sua geração para herdá-la.

Dono de uma enorme resistência física, caminhava muito e os jovens não conseguiam acompanhá-lo, mesmo quando ele já estava com mais de 70 anos. Também possuía uma libido gigantesca, teve vários filhos, com a esposa e, possivelmente, com várias servas, o que era uma prática comum na época. Os senhores tinham esposas oficiais e esposas-servas.

Seu último grande romance, *A Ressureição*, tem um componente autobiográfico. É a história de um jovem nobre que segue para a guerra da Crimeia, assim como ele tinha ido. Tolstói foi para a guerra da Crimeia, porque queria ter a experiência de lutar num conflito. Ficou encantado com o Cáucaso. Escreveu um romance falando de líderes muçulmanos, descritos como honestos, poderosos, de uma ética que já estava desaparecendo na modernidade russa. Não tem nada mais ridículo que aqueles que se apresentam como "modernos", falando de ética: não se cria valores num fim de semana num *workshop*. Valores, ética, virtude são coisas que você cultiva ao longo de décadas. Para se tornar uma segunda natureza, como dizia Aristóteles. Você é ético mesmo quando não quer, não porque você decidiu seguir esses valores, mas porque você está impregnado deles. Essa história de decidir ter valor é o mesmo que decidir entre uma marca de carro e outra. As virtudes e os valores vão além da vontade de querer aderir a eles. Não é possível escapar deles. Eles se impõem.

Tolstói viveu muito, de 1828 a 1910. Foi líder político no período da grande fome de 1891. Organizou redes que hoje seriam chamadas de ONGs, para distribuição de alimentos na em sua propriedade, Iasnaia Poliana. Ele também tinha uma casa em Moscou. Era conde, filho de princesa, mas quis morar num bairro operário, em Moscou. Em Iasnaia Poliana, havia uma peregrinação de seguidores de Tolstói, que iam em busca de seus conselhos. Ele se vestia como um mujique, aparecia em todas as fotos com uma feição contrariada. Não gostava de ser fotografado, mas sua mulher o obrigava a tirar fotos. Ela fazia saraus, em Moscou, e ele detestava festas. Acordava às 3h ou 4h da manhã para caminhar ou para andar de bicicleta — ele foi um dos primeiros a ter bicicleta na Rússia. A enorme energia que ele possuía, se desdobrando na libido, deve tê-lo atormentado por muito tempo, por conta dessa escravidão ao "demônio", como ele dizia, referindo-se às mulheres.

A Ressureição é a história de um jovem rico, como ele, que ia passar as férias de verão na casa de uma tia milionária — Tolstói foi criado por uma tia muito rica, porque seus pais morreram cedo. A tia do personagem também tinha muitas servas. Numa dessas idas à mansão, ele manteve relações com uma serva. Ela engravidou e teve a criança. Anos depois, o personagem fazia parte de um júri — uma das inovações feitas pelos czares foi criar cortes de júris, formados por aristocratas e oficiais militares, para atuar nos tribunais. No tribunal, ele participa do julgamento de uma mulher acusada de roubo e assassinato. Ele reconhece a mulher como aquela jovem que ele tinha engravidado no passado. O livro narra a longa descoberta de como ele destruiu a vida dela com a gravidez. A tia tinha mandado a jovem embora ao perceber que ela estava grávida do sobrinho. Então, a jovem vira ladra, cai na prostituição, como era o destino de toda mulher pobre, sem emprego ou casamento. Ela é condenada a cumprir pena na Sibéria e o rapaz vai atrás dela. O livro se chama *A Ressurreição* porque é a tentativa dele de recuperá-la, pela culpa que ele sente. Acontece que ela tinha passado por um processo de autodestruição. Viveu no meio de bandidos, levou surras de clientes. O personagem confessa para ela quem era ele. Ela o reconhece. O jovem carregava o peso de um casamento que teria com uma aristocrata que ele desprezava, acreditado que ela era uma idiota. Ele também queria se redimir da vida imoral que levava, do modo como agiu com as servas, quando era jovem. Na realidade, ele passa por um processo de ressurreição, transformando-se ele próprio.

Diferente de Dostoiévski, os elementos cristãos da Igreja Ortodoxa oficial russa em Tolstói são inexistentes. Ele pretendia criar uma seita cristã, anarquista e socialista. Por isso, foi excomungado pela Igreja Ortodoxa russa. Ele xingava a Igreja, o czar. Mas, na época, ele era considerado tão poderoso que nem o czar ousava agir contra ele. Os bolcheviques tinham uma boa imagem de Tolstói. Mas ele não presenciou a revolução bolchevique porque morreu em 1910.

Taquari: *Porque* A Morte de Ivan Ilitch *é considerado um conto tão importante?*

Pondé: *A Morte de Ivan Ilitch* — tido por alguns como o maior conto da literatura universal, pela perfeição narrativa — de fato é um conto chocante —, começa pelo final, com ele já morto, a mulher pedindo aumento na pensão para o antigo chefe dele. Na cena, fica claro que ela estava disposta a ir até aonde o chefe quisesse para conseguir esse dinheiro, ou seja, poderia tornar-se sua amante. Ao longo de séculos e milênios, as mulheres sempre recorreram à sedução para garantir a sobrevivência. Nem todas, é claro. Mas a viúva, que chamava a atenção por ser jovem e bonita, não consegue e entra em desespero.

Ivan Ilitch era um jovem ambicioso, cujo sonho era ter uma esposa muito bonita, o que significava um trunfo. Casar com uma mulher bonita significava ser um homem de valor, de acordo com os marcadores sociais da emergente burguesia russa. Móveis caros, moradia também, decoração sofisticada. Ivan Ilitch trabalhava muito em busca de promoções no funcionalismo público. Na época, as únicas opções para os jovens eram a carreira militar ou o funcionalismo. O casamento ia muito bem, a mulher estava feliz com seu status social, ela própria vai ascendendo socialmente. Até o dia em que ele sente uma dor estranha nas costas. Os médicos diziam que ele estava sofrendo de "rins móveis", ou seja, que os rins saíam do lugar. Tolstói era um fervoroso descrente na ciência. Um negacionista, como se diria hoje. A imprensa captura algumas palavras e as usa a exaustão, até se tornarem ridículas. Tolstói desconfiava principalmente dos médicos que lidavam com as mulheres. Para quem conhece a obra e a vida do Tolstói, a ideia de que os rins se moviam era claramente uma ironia. Ele estava querendo dizer que os médicos não sabiam de nada. Então, a dor piora, ele passa a ter dificuldades para andar, para trabalhar. Tem uma cena em que ele está deitado no sofá da sala abandonado pela mulher e filha. Seu único companheiro era um servo. A mulher e a filha aparecem lindas, prontas para ir a uma ópera. Fingindo, ela diz: "Ah, se você não quiser que eu vá, eu não vou". E ele responde: "Podem ir, não se preocupem. Vocês estão lindas e maravilhosas". Na sequência, ela menciona que um colega dele de trabalho se ofereceu para levá-las. Na verdade, ela começava a se preparar para o fato de que ele estava morrendo e ela precisava arranjar outro marido. Tolstói percebeu muito bem as diferentes formas de violência que eram praticadas contra os homens e as mulheres. No caso de Ivan Ilitch, percebe-se a violência aplicada ao homem. Um sujeito trabalhador, dedicado, que buscava a ascensão social, o que existe até hoje. Essa ânsia de dar à mulher o que ela deseja, seja uma casa, bens, viagens, é um traço dos "homens bons". Ou seja, a difícil tarefa de combater o tédio que toda mulher enfrenta. Ivan Ilitch é um caso clássico desses. No final, ele adoece e morre ainda jovem. Tolstói tinha muita clareza da violência social daqueles tempos.

Taquari: *Em* Anna Karenina *esse tipo de violência também está presente?*

Pondé: *Anna Karenina* é um caso clássico de violência contra a mulher. Na abertura do livro, tem uma das frases famosas da literatura: "As famílias felizes o são, todas da mesma forma. As infelizes o são, cada uma à sua maneira". Muita tinta e muito tempo foram gastos para discutir essa frase e também em que medida o romance comprovaria essa tese. A verdade é que, quando ele começa a escrever esse livro, o romance iria se chamar Duas Famílias ou Dois Casamentos. Seria a história do casamento de Liev com Kitty e do casamento da Anna com Karenin. A família de Liev e de Kitty deveria ser aquela que ficaria a um grau da felicidade e a do Karenin e Anna da infelicidade. Mas, à medida em que ele vai escrevendo o romance, Anna Karenina ganha uma dramaticidade tão grande, que o livro virou um romance sobre ela.

Kitty ia se casar com o Vronski, o amante da Anna Karenina. O romance começa quando Anna vai à casa de seu irmão, que estava a ponto de destruir seu casamento por conta de uma amante que vivia em sua casa e era professora dos seus filhos. Ela pretendia salvar o casamento do irmão. A mulher do irmão estava cansada das infidelidades do marido e queria o divórcio. Na época, já existia divórcio na Rússia. O irmão tinha se apaixonado pela professora de Francês das crianças. Então, Anna esperava colocar um pouco de juízo na cabeça do irmão e consegue salvar o casamento. No caminho de volta, no trem, na primeira classe, ela conhece uma senhora, com quem trava uma longa conversa. Elas começam a falar de seus filhos. Anna, muito mais jovem, tinha um filho ainda criança. A senhora, que era uma condessa, tinha um filho adulto. Quando elas chegam na estação, o filho da condessa recebe a mãe que o apresenta a Anna. Ele é o capitão e conde Vronski, com quem ela vai se envolver. Nessa cena, um homem se joga embaixo do trem e se mata. Um homem pobre. A viúva fica desesperada. Vronski vai até ela e lhe entrega algum dinheiro. Ao fazer isso, ele olha para Anna e os dois trocam olhares. Ou seja, nessa cena, Tolstói já estabeleceu o que vai acontecer. Primeiro, porque se ele está dando dinheiro para a viúva, é porque buscava um bom julgamento de Anna para sua atitude. As mulheres sempre gostaram de homens sensíveis. Quando ele percebe que ela estava olhando para ele, significa que ela já estava manifestando interesse. Portanto, ali já havia sido estabelecida uma união entre os dois.

Taquari: *Mais do que um brilhante painel histórico do período das guerras napoleônicas,* Guerra e Paz *também tem muito de psicologia e de retrato social?*

Pondé: Tolstói possuía um domínio da narrativa que lhe permitia, por meio dos códigos sociais, revelar as nuances da vida psicológica dos personagens, tendo descrito a aristocracia russa daquele período como ninguém. Em *Guerra e Paz*, ele mostra como a jovem condessa Natasha Rostova se desgraça nas mãos de Kuragin. Quando ela se deixa seduzir por um canalha e se destrói. O noivo, Andrei, a abandona porque ela vira, na visão da época, uma vagabunda. E Pedro a recupera. Tolstói escreve grandes painéis sociais em que, de repente, a lupa vai dentro de um personagem, no rosto, no gesto.

Em *Anna Karenina*, a personagem vai se apaixonar perdidamente pelo Vronski e ele por ela. Então, ela vai desprezar as normas sociais por causa desse amor e perde a guarda do filho. O marido pede o divórcio e ela vira uma pária social. Em dado momento, a mãe de Vronski, a condessa que o sustentava, diz algo assim: "A sua formação como homem está pronta. Você conseguiu seduzir e arruinar uma mulher honesta, casada". Essa é uma frase que Tolstói ouvia de sua tia, a mulher que o criou. A formação de um jovem só se completava quando ele conseguia arruinar a reputação de uma mulher. Era a prova de sua virilidade. Então, Anna enlouquece ao tomar consciência da loucura que fez. Abriu mão do casamento, que era o porto seguro da mulher. Ao mesmo tempo, abandona o filho, para se entregar a um jovem mais novo que ela. Quando a mãe dele diz: "A mesada vai acabar. Ou você procura uma jovem da nossa classe social, para se casar e abandona essa mulher ou não lhe darei mais um tostão". Em seguida, Anna vê Vronski chegando ao palácio da mãe, acompanhado de uma jovem bonita, aristocrata, que ele segura para descer da carruagem. Naquela altura, ele ainda não havia abandonado Anna. Ao presenciar aquela cena, Anna vai embora e se joga embaixo de um trem.

Tolstói mostra a realidade daquela época. A mulher só tinha um caminho: arranjar um bom marido. Todo trabalho de uma mulher era tentar, com a ajuda da mãe, conseguir um bom casamento. E não poderia nunca ter um amante. O marido podia, mas ela não. E aquela que ousasse contrariar essa norma, viraria pária social. Ao mesmo tempo, esse marido iria viver a vida toda tendo que combater o tédio da mulher, enquanto tinha que ficar atento aos professores de piano, de Francês, de literatura, contratados para ajudar a passar o tempo, com os quais algumas acabavam se envolvendo.

Taquari: *O ciúme e a sedução são outros temas sempre presentes nas obras de Tolstói?*

Pondé: Tem um conto de Tolstói, chamado *Sonata Kreutzer*, em que um personagem conta sua história para um homem que ele conhece no trem. Era uma espécie de Ivan Ilitch, aquele que casa, procura dar tudo à mulher, promove saraus para fazê-la feliz. As mulheres se entediam muito fácil, mesmo quando trabalham, embora o trabalho contribua para afastar o tédio. Algo que combate o tédio do ser humano é o cansaço. Então, o personagem fica paranoico, porque acha que a mulher está namorando com o professor de piano. Ele não tem provas, mas quando chega em casa e vê como ela ri com o professor, como parece encantada com ele, fica mais desconfiado. Sempre se soube que, quando uma mulher dá muitas gargalhadas ao lado de um homem, isso é meio caminho para acabarem namorando. Um homem com bom humor é um ativo fundamental para seduzir mulheres. O personagem enlouquece e acaba matando a mulher. Para Tolstói, o desejo era o inferno.

Taquari: *Para Tolstói, a felicidade entre os casais era algo raro?*

Pondé: Em *Guerra e Paz*, Pedro acaba se casando com Natasha, embora todos soubessem que ela havia traído seu noivo com o Kuragin, um homem que não prestava. Então, quem iria se casar com a Natasha Rostova? Mas Pedro Bezukhov se casa com ela, porque era um sujeito do bem e eles eram muito amigos. O que é um casamento feliz, para Tolstói? Antes de tudo, era um casamento que não deveria envolver paixão. Nas obras dele, os casados nunca eram felizes por muito tempo. Mas a felicidade no casamento poderia vir como para Liev, que estava mais interessado nas novas formas de cuidar da preservação de sua propriedade do que na sua mulher. Kitty se casa com Liev porque Vronski a abandona por Anna. Ela tem um monte de filhos e cuida da casa. O ideal no casamento era que o marido trabalhasse muito e estivesse sempre ocupado e a esposa que ficasse sempre ocupada com os filhos, com a casa e, no final do dia, os dois estivessem muito cansados.

Em *Sonata Kreutzer* fica claro que, de acordo com a mentalidade da época, era fundamental que as mulheres tivessem muitos filhos. Quando elas engravidam muitas vezes, aos poucos, vão perdendo interesse pelo sexo. Depois de um tempo, com os filhos crescendo, era preciso que ela ficasse grávida de novo, para evitar que arrumasse um amante. Uma mulher que não engravidasse era um calvário para o marido. Primeiro, porque não daria descendência para ele. Depois, porque ela ia ficar disponível o tempo todo.

Tolstói odiava os médicos e, principalmente, os ginecologistas. Ele achava que eles escolhiam essa especialidade porque queriam transar com a mulher dos outros. Além disso, ele suspeitava que os ginecologistas ensinavam às mulheres como manter relações sexuais sem engravidar. E, com isso, segundo ele, esses médicos conseguiam transar com elas. Ele tinha uma visão social bastante paranoica. Ao mesmo tempo, tinha uma visão social do amor fraternal como única solução para o contrato social. O personagem Andrei, em *Guerra e Paz*, num dado momento em que está morrendo, passa a acreditar na ideia do amor que perdoa tudo, mesmo seu algoz, Kuragin, sedutor da sua prometida noiva Natasha.

Tolstói tinha uma maneira utópica de ver o mundo, acreditando que homens e mulheres viveriam bem na natureza, em comunidades que partilhavam tudo, sem sexo. Para ele, o sexo e o desejo colocavam tudo em perdição. No caso dos homens, ele achava normal que eles se envolvessem com as servas. Para as mulheres, jamais. Mas isso implicava uma repressão tão grande sobre as mulheres que os maridos nunca tinham paz. *Guerra e Paz* tem uma cena muito famosa em que Natasha vai visitar um tio que vivia com a esposa-serva — às vezes, o senhor era tão apaixonado pela esposa-serva, que ele ia morar com ela. Deixava a esposa oficial na casa senhorial, com todo o conforto, segurança e garantias e ia viver com a outra. Isso era comum na Rússia do século XIX.

Tolstói era um homem muito atormentado. Mais atormentado do que Dostoiévski, que teve uma vida muito difícil, sem dinheiro, com problemas com o jogo e com as crises epilépticas. Dostoiévski era muito próximo de seus filhos. No final da vida, provavelmente, ele tinha uma mulher e uma amante vivendo na mesma casa, algo muito comum na época.

Taquari: *A riqueza e o fato de ser descendente de nobres não trouxeram felicidade para Tolstói?*

Pondé: Embora muito rico, ele era um homem infeliz. Era um leitor de Schopenhauer. Qualquer leitor de Schopenhauer é uma pessoa que flerta com a infelicidade. Ele chegou a pensar que Schopenhauer era aquele que tinha alcançado a verdade.

Acontece que, se Schopenhauer tinha razão, estamos perdidos. Ele era um filósofo que não podia ter razão, porque se tivesse, não haveria nenhuma esperança para a humanidade. Em *Guerra e Paz*, aparece o mesmo tipo de utopia de *A Ressurreição*. A ideia de que a única forma de alcançar a felicidade é abrindo mão do desejo e de sua materialização mais óbvia, que é o desejo sexual. Isso está presente em quase todas as obras dele.

Guerra e Paz é um romance que se passa nas guerras napoleônicas. Tolstói reconstrói aquele período com enorme precisão. Tem personagens na obra que são completamente obcecados por Napoleão. A começar por Pedro, um conde, que acreditava na ideia de que Napoleão representava o progresso. A Rússia nunca se resolveu em relação ao progresso. Até hoje ela enfrenta contradições nessa questão.

Taquari: *Agora, mudando dos russos para o maior nome da literatura em língua inglesa. Porque, nas obras de Shakespeare, temas como traição, ambição e inveja são tão recorrentes?*

Pondé: Shakespeare é um exímio observador da natureza humana. Todo grande escritor que vira clássico, normalmente, o é. Por isso, tenho dúvidas se os autores atuais vão deixar algum clássico. Porque, atualmente, muita gente "inteligentinha" acha que não existe natureza humana. Até enfrentar um inventário... Nada como um inventário para mostrar a natureza humana.

Shakespeare pertence ao grupo de autores que são especialistas na natureza humana; na França, essa tradição é imensa, com figuras como Pascal, La Rochefoucauld e outros moralistas franceses do século XVII. E, neste sentido, ele é um moralista. Moralista, em Filosofia, não é o mesmo que a gente usa no senso comum, é um especialista em natureza humana. A expressão foi criada para se referir aos filósofos franceses dos séculos XVII e

XVIII — Nietsche era um leitor voraz dos moralistas franceses — os principais são Pascal, La Bruyère[1] e La Rochefoucauld[2].

Embora Shakespeare não tenha nada a ver com aquele grupo, era um autor que praticava um tipo de literatura antropológica — uma antropologia filosófica. Talvez pelo fato de que ele escreveu tragédias. Isso lembra a tragédia grega, um estilo literário que expõe muito claramente o comportamento humano na sua condição atávica. As fraquezas humanas, as dificuldades de enfrentar o destino. Enfim, a imperfeição como estrutura essencial do mundo, das sociedades e das almas.

Nas tragédias gregas, heróis e heroínas, mesmo quando derrotados, enfrentavam a derrota de cabeça em pé. Aristóteles dizia que o objetivo da tragédia é gerar terror e piedade. Terror porque o espectador percebe que aquilo que está assistindo pode acontecer com ele a qualquer momento. Piedade porque o sofrimento do herói gera empatia.

Shakespeare, vivendo na Inglaterra elizabetana, um momento de ascensão política da Inglaterra, tem uma percepção muito clara de como as relações humanas, inclusive na Corte, como no caso de *Hamlet* e *Macbeth*, são movidas pelas paixões mais baixas que existem no ser humano. Uma delas, a ambição. *Hamlet*, que deixa os psicanalistas em êxtase, é a história de uma mãe que se junta com o cunhado para matar o marido. Morto, o marido vem falar com seu filho, pedindo vingança. Hamlet é um personagem

---

1. Jean de La Bruyère (1645 – 1696). Pensador, famoso por sua obra *Personagens ou Costumes do Século*, tido como uma crônica essencial do espírito do século XVII.
2. François de La Rochefoucault (1613 – 1680). Conhecido pelo gênero das máximas, seu livro mais famoso é *Reflexões ou Sentenças e Máximas Morais*. Em tom cáustico chama a atenção para o que denomina de "as falsas virtudes" da nobreza.

melancólico. Na época, a melancolia era vista como algo que leva a pessoa a enxergar o mundo melhor do que os outros – suspeita essa que vem desde a medicina grega. No caso de Hamlet, é uma situação em que o personagem não pode confiar na mãe, o marido não pode confiar na esposa. Maquiavel já tinha avisado, algumas décadas antes: "Ame sua esposa, mas confie no seu cavalo". Na realidade, o que Shakespeare mostra em suas tragédias é que o ser humano, absolutamente, não é confiável. Macbeth tinha tido a ideia de matar o rei Duncan, mas recuou. Quando vê o rei, Duncan, indo honrá-lo, porque ele o havia defendido contra um nobre que também era traidor, ele pensa em desistir da ideia. Acontece que Duncan, rei da Escócia, era um personagem do bem, um sujeito amável. O rei vai dormir no castelo de Macbeth, o que era também uma forma de honra, para entregar a ele uma condecoração. Macbeth entra em crise e, nessa hora, Lady Macbeth, com quem ele havia discutido a ideia de matar Duncan e virar rei, diz a ele uma frase marcante: "Quando ousaste, foste homem". O que ela estava fazendo? Aquilo que muitas mulheres fazem para levar o marido a fazer o que elas desejam: está com medo? Você é um fraco, um covarde. Então, Macbeth mata Duncan e embarca naquela loucura. Essa prática de Lady Macbeth é utilizada por muitas mulheres até hoje. Ela colocou em dúvida aquilo que os ingleses chamam de *manhood*, a virilidade, a coragem. Acontece que, depois, ela se arrepende, ao perceber o monstro que ajudou a criar. Naquele momento, ela poderia ter alertado Macbeth de que ele não deveria cometer aquele crime.

Taquari: *Em* Otelo, *o que está por trás de tudo é a inveja?*

Pondé: Sim, em Otelo, temos o tema da inveja. Na verdade, os sete pecados capitais são um excelente retrato da natureza humana. Deveriam ensinar isso nas salas de aula. Iago não suporta o sucesso de Otelo, um mouro. Veneza, assim como todo o Mediterrâneo, nos séculos XV e XVI, estava sob o impacto do avanço do Império Turco-Otomano. Então, do ponto de vista de um personagem como Iago, "como se pode confiar num mouro?". A tragédia de Otelo é uma das mais terríveis já escritas. Hamlet morre no final e entrega o reino da Dinamarca para seu primo, Fortinbras, que era o príncipe da Noruega. Mas, de alguma forma, ele consegue punir a mãe e o tio. Ofélia — hoje vista como uma grande líder entre as feministas, que a consideram oprimida por Hamlet — se mata porque não consegue decidir entre o pai e Hamlet. Os dois eram inimigos.

A tragédia do Otelo inspirou Machado, em *Dom Casmurro* — se bem que Machado mistura Otelo com Iago na figura do narrador Bentinho, o Dom Casmurro. O Bentinho tem muita inveja de Escobar, porque Escobar é melhor que ele. Mais viril, mais seguro. E ele, Bentinho, viveu a vida inteira embaixo da saia da mãe. As feministas afirmam que ele era apaixonado pelo Escobar. Elas sempre ficam projetando taras. Quando leio *Dom Casmurro* sempre imagino que Capitu é inocente. Se ela é inocente *Dom Casmurro* é uma tragédia. Se ela não é inocente, trata-se de um belíssimo panfleto sobre mais uma mulher adúltera. Então, percebe-se Otelo em Dom Casmurro. Otelo se mata no final, após matar sua bela Desdêmona, acusada por Iago, falsamente, de ser adúltera. Iago vai preso graças à mulher dele que o delata e Otelo transfere seu cargo para Cassio. O mouro se mata porque assassinara idiotamente sua amada esposa. O homem apaixonado facilmente duvida da fidelidade de sua mulher. Esse destino é uma tragedia do amor romântico.

Nas tragédias de Shakespeare, pode-se dizer que os maus são punidos no final. Macbeth e Iago são punidos. O fato de que o mau é punido no final não faz diferença para quem sofreu por causa dele. Hamlet se deu mal, o pai dele também. O mesmo acontece com Duncan, em Macbeth. Veja todas aquelas pessoas que Macbeth matou. Otelo e Desdêmona também se deram mal. Não importa supor que o bem moral venceu no final da peça. Porque os personagens que sofreram com o mal também não terminaram bem. É como se Shakespeare dissesse: "Se no final da peça o bem vencer, o mal já fez seu estrago."

Macbeth tem uma cena famosa, no final do Quinto Ato — Woody Allen já a citou em vários filmes. Macbeth já sabe que vai perder e diz: "A vida é como a chama de uma vela. A vida é um conto narrado por um idiota. Um ator correndo de um lado para o outro no palco, cheio de som e fúria, significando nada". Isso é citado por todo grande especialista em tragédias. Todos concordam que essa cena de Macbeth é a síntese do significado de uma tragédia. Valendo, inclusive, para as tragédias gregas. O que Macbeth quis dizer? Primeiro, que a vida é como a chama de uma vela: linda, bela, aquece o coração, mas pode ser apagada por qualquer vento. Um conto narrado por um idiota. Se é um idiota que está narrando, a vida não significa nada. A maioria das pessoas passa a vida inteira correndo de um lado para o outro, cheias de ideais, projetos, palavras. Guerras, ódio, conflitos, tudo isso significando nada. Esse final de Macbeth é a verdadeira definição do que significa uma visão trágica da vida. Não é Deus que está escrevendo o roteiro. É um idiota. Qual é a esperança que se pode ter de um roteiro escrito por um idiota?

Inclusive, esse roteiro é repetitivo, pouco criativo. As pessoas se repetem nas suas invejas, nas suas ambições. Não conseguem ser racionais. Esses autores todos têm razão. Os iluministas estavam errados. Os autores, os russos, Shakespeare e outros nesse patamar, escreveram as coisas como elas são de forma muito melhor do que os iluministas, aqueles filósofos dos séculos XVII e XVIII, que criaram a crença na razão.

A ideia do Iluminismo é de que, no momento em que a gente começa a usar a luz da razão, a gente começa a entender as coisas, nos tornamos mais racionais e melhoramos o mundo. Esse é o projeto Iluminista. Sou muito cético em relação a isso.

Capítulo 10

"SOLITÁRIA, POBRE, SÓRDIDA, EMBRUTECIDA E CURTA"
– Thomas Hobbes

Taquari: *Um dos principais nomes da Filosofia Política do século XVII, Thomas Hobbes, dizia que a vida, fora de certos parâmetros da sociedade e sem a presença do Estado, seria "solitária, pobre, sórdida, embrutecida e curta". O que ele queria dizer com isso?*

Pondé: Hobbes, junto com John Locke, outro inglês do século XVII, foi uma figura importante no nascimento da Filosofia Política, assim como Rousseau, na França, no século XVIII. Hobbes ficou um tempo no exílio, na França, durante a guerra civil na Inglaterra.

Tem alguns elementos que unem os três, embora se coloque Hobbes e Locke mais à direita, o que é um absurdo, porque na época não tinha isso. Rousseau poderia ser identificado como mais à esquerda, porque estava mais próximo do que veio a ser a Revolução Francesa. Primeiro, que Hobbes faz parte daquele grupo de filósofos chamados de contratualistas. Ou, jusnaturalistas. Como contratualista, vale lembrar, nenhum deles falou em se encontrar para assinar um contrato. Isso sempre foi uma hipótese explicativa, que partia do seguinte: como explicar que existe o poder político? Como explicar que uma maioria obedece a uma minoria? Como explicar — inclusive a partir de Hobbes — o monopólio da violência por parte do Estado, se não for algo que venha de Deus? Porque, durante muito tempo, a soberania do rei ou do príncipe era explicada pelo que se chamava de a teoria do corpo místico do rei. Em outras palavras, o rei é rei porque Deus quer. Isso é uma ideia que vem dos tempos de Constantino e passa por Carlos Magno, no Império Carolíngio. Muitos reis da Europa reivindicaram esse direito, o que resultou no absolutismo. Então, se a soberania emana de Deus, qual é o rito que faz isso visível? A coroação de um rei pela Igreja. O reconhecimento de que o rei é rei ou a rainha é rainha porque a Igreja dá a ele ou a ela essa legitimidade.

Acontece que, no século XVII, a Europa está em franca guerra religiosa. Os franceses já haviam começado a se matar no século XVI. Quase extinguiram a totalidade dos protestantes. Os católicos estiveram perto de aniquilar o protestantismo, os huguenotes, como eles diziam. Então, no século XVII, a França está numa situação um pouco mais homogênea, no sentido de que os protestantes "não causavam mais problemas". Foram mortos aos milhares. Daí o fato de que a França era apontada como a primeira nação a dar um fim às guerras religiosas e ter um papel fundamental no término — conhecida como "Paz de Vestfália" — da Guerra dos 30 anos que, na verdade, durou mais de 150 anos, no Sacro Império Romano do Ocidente, atualmente Alemanha. Esse conflito começou no século XVI, se estendeu pelo século XVII e, durante mais de 30 anos, espalhou uma onda de violência nos principados alemães. Chegou a um ponto tal que eles tentaram fazer um acordo de paz, não conseguiram, mas como já haviam morrido quase todos os homens e cavalos e estavam numa miséria geral, eles desistiram do acordo de paz e da guerra. A Paz de Vesfália é tão importante porque sua data mítica marca o nascimento do Estado moderno.

A noção de contrato social, se tomarmos como exemplo Locke e Hobbes, é uma hipótese explicativa de trabalho. Ambos estavam no Reino Unido, em guerra civil, travada entre denominações cristãs. Basicamente, entre anglicanos e protestantes de origem calvinista. No século XVI, os anglicanos matavam os católicos, no Reino Unido. Hobbes era o filósofo que estava presenciando a desagregação social na Inglaterra. Ele estava vivendo isso e percebeu que a legitimidade da soberania do rei não ficaria de pé. Mata-se o rei, troca-se o rei. Isso no Reino Unido, sem entrar no que iria acontecer na França depois e todas as baixarias que ocorreriam no Sacro Império Romano do Ocidente. Então, há um problema de soberania, de decidir quem manda. Filósofos como Hobbes começam a buscar uma hipótese que justifique a soberania. Porque as pessoas teriam que obedecer a alguém? Esse alguém não tem que ser, necessariamente, uma pessoa. Hobbes chama esse "soberano" de Leviatã, que é a figura de um mostro. Isso dá o tom do pensamento dele. Porém, ele está falando daquilo que chamamos de Estado. Hobbes não era um absolutista. Ele não estava defendendo o corpo místico do rei. Não estava dizendo que teria que ser um rei a ser soberano. Na verdade, o que ele estava dizendo é que a vida era assim: "Solitária, pobre, sórdida, embrutecida e curta", e o que fazer quanto a isso? Ele questionava o seguinte: "De onde emana a soberania do Leviatã?" Porque Leviatã é ruim, mas sem ele seria pior. Leviatã é uma figura mítica, que aparece na Bíblia, o monstro marinho devorador. Hobbes, assim como Locke e Rosseau levantariam, posteriormente, a hipótese de que a soberania se baseia em um acordo entre os homens. Então, a pergunta é: porque os homens fariam um acordo desse tipo?

Está implícito na ideia de Hobbes, como em Locke e Rousseau, um princípio que, na verdade, é liberal, embora Locke tenha sido identificado como o pai do pensamento liberal e não o Hobbes. Locke é mais otimista do que Hobbes. Conhecido por ter escrito cartas defendendo a tolerância religiosa. Entretanto, há um princípio em Hobbes que já é liberal: os homens tomam decisões racionais por si próprios. Fazem escolhas racionais.

Taquari: *As ideias de John Locke estão presentes nos fundamentos da Constituição dos Estados Unidos?*

Pondé: Sim, porque ele é considerado o pai da tradição liberal, considerado o criador da noção de democracia liberal. Claro que ele não era um democrata em pleno século XVII. Mas a noção do indivíduo que toma decisão por si mesmo, que defende o que é dele, isso para Locke é muito clara. O direito ao corpo, à propriedade privada e, mais, à fé religiosa. A questão da fé era fundamental, no século XVII, por causa das guerras religiosas. Mas, também em Hobbes, está presente a ideia de que os seres humanos são racionais o suficiente para se reunir e dizer: se como está, é ruim, o que fazer? Isso é apenas uma hipótese. Ninguém está dizendo que aconteceu. O que ele queria dizer é o seguinte: "Posto que existe uma ordem, legal, nascente e soberana, a pergunta é: de onde ela surgiu, já que não se deve recorrer ao pressuposto de que surgiu de uma ordem divina?" Esse é o corte que fazem Hobbes e os demais. Então, trata-se de uma decisão livre e racional dos homens, baseada no fato de que a vida era muito ruim. Para fazer com que a vida fosse menos ruim, os homens, hipoteticamente, se reúnem e decidem atribuir ao Leviatã, que é o Estado, o monopólio legítimo da violência. Significa que só o Leviatã pode matar e pode dizer quem tem razão, pode julgar, em qualquer situação. Só o Leviatã pode decidir sobre propriedades. Isso, na realidade, permanece até hoje. Se o Estado resolve tomar alguma coisa de uma pessoa, ele tomará. Porém, isso constitui uma troca. Leviatã, em troca, deve reduzir a violência entre os homens, manter a ordem. Portanto, deve fazer com que a vida deixe de ser pobre, curta e bruta. Se o Leviatã começar a falhar nessa função, então, ele perde a legitimidade. O problema é que, quando isso acontece, a violência volta. Na realidade, o que o Hobbes está falando é sobre a função representativa do Estado. Leviatã representa o desejo da população de ter uma vida menos ruim. E a representação dele depende da realização desse desejo. Quando ele para de realizar essa função, de forma bem-sucedida, esse vínculo representativo é quebrado e aí a violência volta para as ruas. Hobbes estava certíssimo.

Taquari: *Qual seria a comparação possível entre Hobbes e Rousseau?*

Pondé: Eles são bem diferentes, mas Rousseau também parte do pressuposto de que os homens se reúnem e podem tomar uma decisão política racional, assim como Locke. Todo contratualista parte desse pressuposto. A diferença é que Rousseau, antes da ideia do contrato, já havia defendido o princípio de que o homem nasce livre..." mas hoje o vejo em correntes por todos os lados". Aqueles que estudam pré-história que são de esquerda — cada vez tem mais gente de esquerda nas universidades, resultando naquele fechamento da atmosfera que a gente assiste na academia — entendem que a pré-história era um paraíso porque não havia propriedade privada. Apesar de que Rousseau nem tinha concepção de pré-história. Nenhum deles tinha na época. Mas Rousseau parte do pressuposto de que, na origem, os homens viviam em paz. Não havia propriedade privada que, na realidade, foi o que começou a complicar... Essa maçã é minha, essa árvore é minha, ninguém entra aqui... Os homens não viviam em cidades, a população vivia espalhada, não havia guerra. Não havia comparação entre os homens. Rousseau inventa uma outra versão do paraíso de Adão e Eva. Só que isso começou a dar errado, a população começou a crescer, as pessoas mais fortes começaram a dominar as mais fracas e aí deu-se a corrupção da natureza humana.

O Contrato Social de Rousseau, na sua versão propositiva, é uma proposta de um contrato que iria terminar com essa corrupção. Então, é um contrato que, na realidade, não está pensado como sendo a origem da ordem política, como é descrito por Hobbes e Locke. O Contrato Social de Rousseau, na sua versão idealizada, é pensado como uma etapa de correção da ordem política. E essa correção será feita pela assembleia. Assim como os jacobinos iriam fazer, na Revolução Francesa. Uma assembleia popular, de pessoas que não podem ser burgueses ou nobres, porque esses são aqueles que se deram bem com a corrupção. Rousseau era contra a arte e ciência da época, porque entendia que estava tudo corrompido pelo que a gente chamaria hoje de elite. O "novo" Contrato Social era algo a ser feito pelos membros da assembleia popular. Essa assembleia vai representar a vontade geral. Não se trata da vontade somada de votos. A vontade geral é aquela que representa aqueles membros que entendem como a ordem política deve ser. A assembleia de Rousseau não é a Assembleia de Atenas"[1], mas, sim, a dos bolcheviques. Por isso, se fala que Rousseau propõe uma democracia indireta e vai, em grande medida, influenciar os marxistas, com aquela história do centralismo democrático do partido. A conversa de que o partido seria democrático "porque ele representa o povo

---

1. A Assembleia de Atenas era a principal instituição democrática da Grécia antiga. Era integrada por todos os cidadãos livres, maiores de idade, que se reuniam para discutir e votar em questões de interesse público.

melhor do que o povo pode representar a si mesmo". Essa é a ideia da vontade geral.

Então, vemos uma completa diferença entre Hobbes e Rousseau. Primeiro porque Hobbes está pensando em todos. Ele não tem uma utopia, ao contrário de Rousseau. Apesar de que Rousseau nunca disse que o indígena era o "bom selvagem", como alguns acreditam. Ele nunca identificou geograficamente e historicamente essa ideia desse homem natural. Não eram os aborígenes da Austrália, como muita gente acha que é.

Então, essa é uma diferença muito grande. Primeiro, porque Hobbes é visto como o contratualista pessimista. Alguns chegam a chamá-lo de contratualista derrotado, porque o modo como o debate político e filosófico foi se transformando ao longo dos séculos XVIII, XIX e XX, daria razão a Locke ou a Rousseau. Ao Locke na vertente liberal, na defesa da propriedade, porque ele vai defender que a propriedade é a materialização do trabalho e do esforço do homem. Portanto, ninguém tem direito de tirar isso dele. E a Rousseau porque ele irá alimentar o imaginário posterior de que a propriedade seria um roubo, que é uma das origens da corrupção e, portanto, Rousseau teria evoluído para o marxismo, toda tradição à esquerda, enquanto Locke sustentaria a tradição liberal, de direita. E Hobbes perdeu espaço porque o debate político não teria evoluído a partir das ideias dele.

Os psicanalistas freudianos adoram Hobbes. Freud gostava dele, porque era um pessimista também, de certa forma. Mas por que Hobbes era considerado um pessimista? Porque ele não acreditava que a ordem política possa, ao longo do tempo, transformar o homem. O que a ordem política faz é não deixar ficar pior do que era. Mas, se o Leviatã começa a usar a violência indiscriminada, no seu monopólio legítimo da violência, contra cidadãos que não merecem, então, ele perde a legitimidade. O problema é que o próprio Leviatã é quem vai dizer quem merece. Se pensarmos no Leviatã como o Estado moderno, nascendo ali na Paz de Vestfália, no século XVII, ali nasceria o Leviatã moderno. Não dá para separar o nascimento do Estado moderno sem partir do final das guerras religiosas na Europa. Se não tivessem acontecido as guerras religiosas — claro que história contrafactual não existe — talvez o Estado moderno não tivesse nascido do jeito que nasceu. O Estado, como conhecemos, nasceu da exaustão das guerras religiosas e da percepção de que a retirada da variável religião como razão de guerra poderia produzir algum tipo de ordem que não tivesse espaço para novos conflitos. E foi o que aconteceu na Europa. Daí nasceu o Estado moderno, secular e a burguesia foi fundamental nisso porque sempre quer fazer negócio. Pouco importa no que você acredita, contanto que você pague o cartão de crédito. Daí evoluiu para o ponto em que pouco importa com quem você dorme, contanto que pague a fatura do cartão. Essa é a ética da burguesia. Tudo que não é dinheiro se desmancha no ar.

Hobbes é importante na história da Filosofia Política porque é o primeiro a apontar para a ideia de que a soberania emana do povo, que não é o povo como se pensa hoje. É um povo desesperado, morrendo de fome, se matando e que, alguns chegam à conclusão de que era melhor parar com aquilo. Só o Leviatã pode matar. Em troca, ele garante que a gente não se mate. Aí surge um certo equilíbrio. Hobbes não oferece a imagem que a humanidade quer de si mesma como um avanço. É um avançar muito tímido.

Taquari: *É possível estabelecer uma linha do tempo da evolução desses três pensadores, um avanço a partir do pensamento deles?*

Pondé: O futuro poderá provar que Hobbes tinha mais razão, no sentido de que, se houver um colapso da ordem democrática liberal, como a gente conhece, ele terá antecipado isso: o retorno ao caos. Na verdade, Hobbes tem razão cada vez que as pessoas saem às ruas quebrando tudo. Como se fala: "O homem hobbesiano saiu às ruas", quando ocorre a violência, quando a multidão sai quebrando tudo, quando se desmancha a ordem da propriedade, a ordem legal, a confiança espontânea no sistema e na sociedade.

Taquari: *Não fossem as limitações impostas pelo Leviatã, o homem voltaria rapidinho ao tempo de seus ancestrais, nas planícies da África?*

Pondé: Sem dúvida, voltaria para a violência, se matando uns aos outros. Essa é a Antropologia pessimista de Hobbes. É como se ele estivesse o tempo todo nos espreitando pela fresta da porta. Olha, eu avisei. Olha, a ordem pública é muito vulnerável. Se essa ordem rachar, as coisas se complicam. Por isso se diz que qualquer ordem é melhor do que ordem nenhuma. Mesmo uma ordem injusta. Por conta do pânico que é a desordem.

O que aconteceu na Rússia, por exemplo. O caos que se instalou no país ao final do regime czarista. O próprio Lênin pensava como Hobbes. Lênin dizia que era preciso gerar uma guerra civil violenta e quem gerar mais terror, ganha. A guerra civil foi estimulada pelos bolcheviques, dentro da ideia de que era preciso implantar o terror total, destruição total. Vence quem for mais violento. E, depois, instaura-se uma ordem e, então, as pessoas começam a obedecer naturalmente. É um princípio do Leviatã.

Hobbes, normalmente, costuma ser associado à ideia de um teórico a favor das ditaduras, o que é uma idiotice porque nem havia, no século XVII, essa concepção. Ele estava discutindo o conceito puro da ordem política. O que mantém a ordem política.

Já para Locke, o contrato social visava garantir o caráter inviolável do corpo, da fé privada, da propriedade. O contrato social que cria o soberano, pode ser o rei ou o Estado, os juízes. Na Inglaterra do século XVII, já se discutia a autonomia dos juízes, em relação ao parlamento e ao rei, a separação dos poderes. O contrato social tem que garantir esse caráter inviolável. A crítica que se faz a Locke é: aqueles que não têm propriedade, então, ficariam excluídos do contrato social? A resposta dele era: não, eles têm que trabalhar para ter sua propriedade privada. É isso que Marx vai falar sobre a noção do Estado lockeano. É um comitê para discutir interesses da burguesia.

Taquari: *O termo democracia, no sentido como usamos hoje, começou a ser utilizado no século XIX?*

Pondé: Alexis de Tocqueville, aristocrata, conde normando, nascido em 1805, foi quem colocou em circulação o termo democracia, tal como usamos hoje. O pai dele escapou por pouco da guilhotina, porque Robespierre, que comandava o terror, foi morto antes. Tocqueville passou nove meses viajando pelos Estados Unidos, aos vinte e poucos anos. Ele escreveu uma obra monumental intitulada *Democracia na América* e colocou em circulação o termo democracia na América, tal como usamos hoje. Os federalistas, autores daquele conjunto de *papers*, escrito por Hamilton, Madison e Jay, no final do século XVIII, se referem ao sistema americano como República. Quando mencionam governo popular, falam com ressalvas. Foram eles que criaram as bases para a ideia do Colégio Eleitoral americano. O objetivo é proteger a eleição do efeito rebanho. Por isso, na maior democracia do mundo, a eleição para presidente é indireta.

Tocqueville começa a se referir à América como uma democracia. Na sua obra capital, ele repete o tempo todo: "O cidadão da jovem democracia americana". Ele foi para os EUA em 1831, antes da guerra civil (década de 1860) e da corrida do ouro (década de 1840). Ao analisar o modo como a sociedade americana se organiza, ele se revela como um descendente de Locke. O autor francês reconhecerá a liberdade religiosa nos Estados Unidos, um país fundado por aqueles que os anglicanos estavam matando no século XVI e XVII. Locke era do grupo que estava sofrendo a perseguição pelos anglicanos. Ele era protestante da tradição presbiteriana. Aqueles que os ingleses chamavam de puritanos e embarcam no *Mayflower*. Esse navio ficou famoso, mas eram vários os navios que transportaram os puritanos que fugiam dos massacres. Os colonizadores tinham muito claro que, para eles, o soberano não podia usar de sua religião como forma de opressão sobre a população. Esse é um princípio de Locke. O soberano não deve usar de seu poder para perseguir aqueles que não seguem a mesma crença. Até porque eram todos cristãos. E quando muda o soberano e outro ascende o poder, pode ocorrer uma matança contra os seguidores de outras crenças. Isso é o princípio da desordem. Para manter a ordem, o soberano tinha que tirar a variável religiosa. Assim, cada um podia seguir a sua fé. Isso é fundamental na formação dos Estados Unidos. Tocqueville reconhece isso como fundamental, como parte de um sistema democrático liberal. Por isso, e por outras razões, ele é considerado um liberal. Ele também destacou a capacidade dos americanos de constituir corpos intermediários de poder encarregados de resolver problemas de pequenas localidades, de comércios pequenos, de trabalhadores. Então, Tocqueville está nesta linhagem, assim como estavam os federalistas, um pouco antes. Hoje, eles são muito criticados porque, alguns deles, tinham escravos e estavam muito preocupados com a propriedade. O liberal entende que, quando o princípio da propriedade desmancha, a violência toma conta da sociedade. Isso é um princípio liberal básico. Aquilo que os americanos resumem como: *"Not in my yard"*.

Não no meu quintal. Ninguém pode *"trespass"*, essa ideia muito profunda nos EUA e na Inglaterra de que, sem a propriedade privada, não há ordem política, não há contrato social viável.

Essa tradição liberal chega até hoje, com pensadores como von Mises, o austríaco famoso entre liberais brasileiros. Na realidade, ele vai carregar os tons na ideia de liberalismo econômico como fundamentação de tudo. Mas, também, na mesma linhagem do Locke de defender o caráter sagrado da propriedade como fruto do trabalho. A garantia da liberdade é a garantia de que a pessoa pode perseguir sua felicidade, como está na Constituição americana: *"The Pursuit of Happiness"*.

A linhagem está aí até hoje. Muito do que se considera esquerda hoje é, na realidade, devedora da tradição liberal. A revolução gay, trans, feminista, todos são devedores da tradição liberal. Na realidade, o que se faz é chamar para a discussão a população LGBTQIA+ para a questão do direito de cidadania, de vida privada, de viver dentro da norma da lei, independente da orientação sexual e identidade. A luta do feminismo é para garantir à mulher todos os direitos do homem. Trabalhar, ter carreira, direito à liberdade, ao voto. Não à toa, essa linhagem da esquerda é americana. Aliás, nos EUA, a expressão "liberal" significa estar à esquerda, diferente da Europa e do Brasil. Nos EUA, *"conservative"* é aquele que defende o Estado mínimo e "liberal" é aquele que defende o Estado grande para garantir os direitos dos cidadãos.

Nos EUA, o debate político se dá totalmente dentro da tradição liberal. Não à toa, o liberal é a favor da liberdade sexual e de outros direitos, desde que "não venha mexer na minha propriedade". Da mesma forma, os liberais defendem os direitos dos negros e combatem o preconceito.

O homem que Rousseau imaginou, utópico, é o mesmo que Marx imaginava na sua utopia no final da história. O homem que pescaria o peixe de manhã, prepararia esse peixe no almoço, escreveria um livro à noite — o ideal do homem comunista, na utopia marxista — ou seja, um sujeito cuja produção não é alienada dele mesmo. Os meios de produção não estariam alienados nas mãos de um capitalista, e a capacidade intelectual seria mais profunda, a ponto de permitir que ele escreva um livro à noite, após uma jornada de trabalho. É o Bom Selvagem do Rousseau descrito de outra forma, aqui temos uma inversão. Rousseau nunca disse que a vontade geral iria levar ao Bom Selvagem de novo. Ele nunca defendeu essa utopia que iria ocorrer no futuro. O Contrato Social do Rousseau iria tornar o mundo menos corrupto do que era. Mas não iria restaurar o homem natural. Ele é mais utópico na origem do que no futuro. Mas acreditava no progresso social.

Marx é completamente utópico em relação ao futuro. Ele entendia que o homem tem uma força criativa natural. Essa força, liberada da propriedade privada dos meios de produção, vai ficar tão poderosa, que então ele vai criar coisas maravilhosas. Vai levar a um mundo muito superior ao que a gente vive. Só que, antes disso, é preciso instaurar uma ditadura do proletariado e matar todos que não concordem com sua ideia. Na realidade, a história mostra que os regimes marxistas radicais não passaram de ditaduras corruptas.

Capítulo 11

IGUALDADE x LIBERDADE

Taquari: *Seria exagerado dizer que o lema da Revolução Francesa, "Liberdade, Igualdade, Fraternidade" se tornou algo romântico, idealizado?*

Pondé: Sem dúvida, funciona muito bem como marketing. Em Francês, "*Liberté, Égalité, Fraternité*", parece uma coisa chique — tudo em Francês parece chique — mas, claro, totalmente idealizado. O próprio Tocqueville já havia percebido isso, quando fala sobre a democracia americana. Na democracia, segundo ele, existe um conflito entre igualdade e liberdade. Quando a igualdade prevalece, há uma tendência a destruir certos impulsos criativos. Isso aconteceu na antiga União Soviética e a gente vê hoje, por aqui. Por exemplo, na universidade.

Taquari: *Como isso ocorre na universidade?*

Pondé: A universidade é a mediocridade. Por exemplo, você não pode trabalhar demais. Se você trabalhar demais, criar demais, se tiver eco demais entre os alunos, você está quebrando um acordo tácito que é: vamos ser todos medíocres e garantir nosso dia a dia. Isso é a universidade. Ninguém fala isso no meio. Só os traidores de classe, como eu. Ninguém fala, mas assim é a universidade. Especialmente, em Humanas.

Uma professora de Engenharia Química comentou que em uma área de Exatas também há algo semelhante e que, nas

Humanas, isso fica ainda mais evidente. Um mergulho na mediocridade. Você fica ali, na burocracia, preenchendo todos os relatórios, não faz muita coisa. Quando você dá uma prevalência muito grande à igualdade, você tende a anular diferenças. O resultado é a mediocridade.

Taquari: *Quanto à fraternidade, ninguém parece muito interessado?*

Pondé: Ninguém. Só a Igreja Católica, com a Campanha da Fraternidade. Tem um movimento católico, chamado Focolares, que nasceu a partir do lema francês, Fraternidade. Eles defendem que os três valores da Revolução Francesa levaram à consolidação da democracia. Acontece que a Fraternidade foi deixada de lado. É o primo pobre. Daí a ideia desse movimento de tornar a Fraternidade algo mais real. Trata-se de um movimento formado, principalmente, por jovens, que foi fundado pela italiana Chiara Lubich, em 1943.

A ideia de Fraternidade é difícil de se colocar em prática. As pessoas não conseguem alcançar esse princípio nem em família. É quase como se a Fraternidade tivesse pouco impacto político, de forma clara. Não existem mediações políticas claras que possam realizar essa fraternidade. Nem esquemas de monetização institucional. O socialismo tentou fazer isso. Mas Igualdade é mais fácil, institucionalmente. Todo mundo igual perante a lei, o direito à propriedade privada e todos pensando no coletivo. Liberdade também, ainda que de forma mais variada. O próprio conceito de sociedade de mercado é uma monetização da liberdade radicalmente essencial e bem-sucedida.

No livro *Caminhos para a Modernidade*, a historiadora americana Gertrude Himmelfarb fala das tradições iluministas francesa, inglesa e americana. Ela defende o ponto de vista de que a tradição francesa é a mais famosa, mas a inglesa e a americana marcaram mais a modernidade de modo prático. Aqui se vê o velho conflito entre a tradição francesa e anglo-saxã na Filosofia. O argumento dela é que o Iluminismo francês sempre foi muito abstrato, muito teórico. Segundo ela, o Iluminismo francês criou uma coisa chamada "ideologia da Razão", uma espécie de mundo platônico, político, que não existe na prática.

O Iluminismo americano foi para a discussão da liberdade política, como valor absoluto. E o britânico caminhou no sentido de uma Sociologia das Virtudes. Então, o Iluminismo britânico é uma espécie de Sociologia, que busca identificar como virtudes são geradas no meio social, para fazer com que a sociedade fique melhor. Iluminismo do mesmo jeito. Os três buscam uma sociedade cada vez melhor. Os franceses como ideologia abstrata da razão.

Os americanos com a liberdade política como valor absoluto. E os ingleses sempre mais ponderados — agora vêm sendo destruídos pelo wokismo — por isso eles nunca foram anticlericais. Além disso, segundo Gertrude, a Inglaterra se converteu ao protestantismo, dando origem às igrejas Anglicana e Presbiteriana, sendo esta última originada na Escócia.

A eliminação da Igreja Católica na Inglaterra acabou criando uma submissão da religião ao Estado, desde Henrique VIII. O chefe da Igreja Anglicana é o rei. Por sua vez, a Igreja Católica sempre se manteve em tensão com o Estado. O Estado não manda nela. É uma outra entidade. Isso fez com que na França surgisse uma oposição gritante entre a construção do Estado moderno e a Igreja Católica.

Na Inglaterra, não. O pensamento inglês, nesse contexto, tende a ser mais matizado, porque o objetivo é como disseminar a virtude na sociedade. Esse é o uso da razão. E não imaginando uma outra sociedade, mas sim, aquela que existe e como as virtudes são geradas em seu interior. Jeremy Bentham[1], John Stuart Mill, Adam Smith, David Hume, e mesmo o conservador Edmund Burke são, para Himmelfarb, exemplos de iluministas britânicos.

Claro que, de lá para cá, as coisas mudaram. O próprio Adam Smith, no século XVIII, temia o impacto que a sociedade comercial teria sobre as virtudes. O capitalismo tem o poder de acabar com qualquer virtude, apesar dos liberais dizerem que não. No estágio em que está, o capitalismo acaba com qualquer virtude.

Adam Smith dizia que as virtudes comerciais "efeminizam os homens", deixam os homens efeminados. Ele não se referia ao sexo. Ele queria dizer que as virtudes comerciais atenuam a virtude heroica no homem. O que de fato aconteceu.

A sociedade comercial é avessa a guerras, o que não é ruim.

Smith também achava que a benevolência ou generosidade poderiam ser destruídos pela sociedade comercial. Por conta da ganância e de todas essas coisas que a gente sabe que existe e que, de fato, acontecem.

Num livro mais importante do que *A Riqueza das Nações* — esse é para os economistas — Smith discute essa questão. Para a Filosofia, o *Tratado dos Sentimentos Morais*, a principal obra filosófica de Adam Smith, é muito mais importante.

Os britânicos sempre falaram da moral como o território dos afetos, dos sentimentos, não da razão.

---

1. Jeremy Bentham (1748 – 1832). Filósofo, jurista e um dos últimos iluministas. Defensor da teoria do utilitarismo, que visava responder todas as questões acerca do que fazer, admirar e viver em função da maximização da utilidade e da felicidade.

Taquari: *Isso explica a existência de tantos conflitos ao longo da história e tantas fraturas, em todas as sociedades?*

Pondé: Um filósofo como Isaiah Berlin, que jamais se viu como um conservador — ao contrário — chega à constatação de que, quando se olha para a história e para o comportamento dos homens, não há harmonia possível. Não significa que é preciso entrar em guerra o tempo todo. Significa que, em sendo a política um território que tende à violência, então, o objetivo da boa política é reduzir ao mínimo as formas explícitas de violência, em troca de formas representativas de violência, que são os sistemas de representação política.

Berlin usava uma expressão para a humanidade que é *crooked timber*, ou seja, galho de madeira torto. Não há o que fazer. E ele não diz isso com o intuito de afirmar: "Olha que desastre que é a humanidade." Ele queria dizer que, quanto mais rápido percebermos que a humanidade é um galho de madeira torto, menos ruim é. Menos bobagens faríamos. Acontece que estamos a anos-luz disso. É impressionante como as pessoas não entendem isso. É como se estivéssemos falando grego.

Taquari: *O que mais chama a atenção na obra de Isaiah Berlin?*

Pondé: Isaiah Berlin é um autor extremamente elegante na escrita. Escreveu ensaios curtos. Ele era um tanto inseguro em relação à sua produção filosófica, se achava um mero "historiador das ideias". Isso porque vivia no ambiente "Oxbridge" (entre Oxford e Cambridge) onde a Filosofia, na época, era pesadamente analítica. Discutia-se a "lógica da linguagem", uma Filosofia em que os professores ficavam discutindo uma palavra durante 150 anos.

Berlin possuía uma abordagem mais continental, como se costuma dizer na Inglaterra, voltada para a história da Filosofia e das ideias. No entanto, graças ao seu editor, Henry Hardy — o responsável por nos proporcionar acesso a todos esses volumes — ficou evidente que, dentro de sua filosofia, Berlin desenvolveu um pensamento político com uma clara inclinação liberal. Há aqueles que o leem como um liberal conservador, outros que o veem como um liberal progressista e o John Gray, filósofo britânico, autor de um livro muito bom, chamado *Isaiah Berlin*, defende que Berlin é um "liberal trágico". Isso vai ao encontro da ideia de que Berlin identificou o caráter incomensurável dos valores. Não há como colocar os valores sob a mesma medida. Então, a liberdade é um bem, a igualdade é um bem, a fraternidade é um bem. Mas eles acabam entrando em conflito. Se você entrega uma sociedade a um grau de liberdade total, acaba criando um cenário imprevisível. Por exemplo, a massa que desencadeou a Revolução Francesa.

O lema da Revolução foi trocado, por ocasião da Olimpíada de 2024 em Paris, por: diversidade, sororidade e alguma outra besteira. Exemplo do ridículo do século XXI.

Uma sociedade com liberdade total vai produzir desigualdades econômicas enormes. Por outro lado, a fraternidade é uma completa abstração, como é a sororidade. Mas, como a sororidade está nas mãos das feministas obsessivas, parece mais real.

Berlin dedicou muita atenção às ideias românticas, tanto que escreveu o livro *Raízes do Romantismo*. Na realidade, uma compilação de aulas que ele deu na BBC. Muito material de Berlin foi preservado assim. Inicialmente, foi gravado, depois transcrito.

Berlin nunca foi um pensador sistemático, o que eu pessoalmente acho que é uma grande qualidade. Como diz o filósofo romeno--francês, Cioran[2] "Eu desconfio de gente que faz muito sistema". Ele dizia que todo filósofo sistemático é um mau-caráter na raiz.

Berlin vai identificar em Maquiavel essa intuição, de que os

---

2. Emil Cioran (1911 – 1995). Escritor e filósofo romeno, radicado na França. Chegou a ser chamado de "o rei dos pessimistas". Realizou estudos sobre o pessimismo a partir de Schoupenhauer, sobre o ceticismo de Montaigne, o cinismo de Diógenes e o niilismo de Nietzsche.

valores, os bens, não podem ser colocados um ao lado do outro. Eles podem ser excludentes. Isso é o que o Gray vai chamar de "*radical choices*", em oposição a "*rational choices*".

Rational choices, em Filosofia britânica — Filosofia utilitarista — é fazer escolhas a partir do critério do que é mais fecundo em termos de utilidade. Isso seria um critério racional, já que o ser humano foge da dor e busca o bem-estar. Isso, nos lembra os utilitaristas falando: Jeremy Bentham, John Stuart Mill, entre outros. Então, a escolha racional é aquela baseada no princípio utilitário. Quanto menos sofrimento, mais racional. Então, Gray, falando sobre Berlin, dizia que ele teria descoberto a escolha radical, que ocorre quando a pessoa tem que fazer uma opção entre bens que se excluem uns aos outros. Berlin diz que o primeiro filósofo que percebeu isso foi Maquiavel, que acreditava que valores cristãos teriam destruído Roma — como de fato destruíram, de certa forma. Os valores empregados pelo Império Romano são completamente impossíveis de serem colocados lado a lado dos valores cristãos.

No entanto, para Roma, aqueles valores eram um conjunto de bens que produziram o império que durou mais tempo na história, pelo menos no Ocidente. Havia uma civilização ali, movida por um conjunto de valores opostos aos valores cristãos.

Por sua vez, uma sociedade pautada por valores cristãos não conseguiria sobreviver num mundo tão agressivo e violento como o mundo romano.

Então, Berlin dizia que Maquiavel percebeu isso e também os românticos, mas de uma outra forma. Os românticos foram grandes relativistas culturais — praticamente inventaram as ciências humanas tal como a gente conhece ou, a ciência da cultura, que eles chamavam de ciência do espírito. Inventaram a própria noção de relativismo cultural, de que cada povo tem seu espírito, como eles diziam. E esse espírito não se pode medir com base em princípios de outra cultura, uma vez que as diferentes culturas não são comparáveis. Em outras palavras, não dá para medir uma pela outra. Para Berlin, os românticos revisitaram a intuição de Maquiavel — sem passar por Maquiavel. Mas eles perceberam que o conjunto de bens morais, éticos ou políticos não convergem.

Isso não tem solução, não há o que fazer. Por isso, Gray chama Berlin de liberal trágico. Aqueles que consideram Berlin um liberal conservador, entendem que ele estaria dizendo o seguinte: "Já que a razão não resolve, vamos respeitar o hábito, que é uma posição política clássica dos conservadores." Em outras palavras, sou cético quanto ao papel da razão na política e, por isso, prefiro confiar nos hábitos já estabelecidos.

Isso é uma coisa que a maioria das pessoas não tem a menor noção: de que ceticismo, em política, deságua em conservadorismo.

O ceticismo epistemológico leva naturalmente ao conservadorismo político, mas muitas pessoas sequer percebem isso. Não fazem a menor ideia.

Na história da Filosofia, assim como em Roma, os romanos demonstraram que não adianta buscar uma racionalidade universal que harmonize o conjunto de valores que permeiam as diferentes culturas. Não tem como estabelecer uma harmonia. Todas tentativas de fazê-lo resultaram em violência.

Taquari: *É possível estabelecer um paralelo entre as ideias de Isaiah Berlin e Karl Popper? Vale lembrar que no livro* A Sociedade Aberta e seus Inimigos, *Popper levanta os paradoxos da tolerância, da liberdade e da democracia.*

Pondé: É possível. Primeiro, os dois são liberais. Com a radicalização da política hoje, muitos criticam Popper porque ele era abertamente liberal.

Durante a Guerra Fria, Berlin viveu um tempo nos Estados Unidos, onde trabalhou para os americanos contra os russos. Como ele falava russo fluentemente — ele nasceu em Riga, na Letônia, até então parte da antiga União Soviética, e viveu em São Petersburgo, antes da família migrar para a Inglaterra — e conhecia muito bem o pensamento russo. Berlin tem um livro famoso, chamado *A Mente Soviética*. São artigos e entrevistas que resultaram de uma visita dele à URSS. Uma delas era com Anna Akhmatova[3], um dos nomes mais importantes na poesia russa no século XX.

O que há de comum entre Karl Popper e Isaiah Berlin, começa pelo fato de que, para Berlin, só é possível viver numa sociedade aberta. O que é, justamente, a ideia de sociedade aberta de Popper. No livro *A Sociedade Aberta e seus Inimigos*, Popper faz uma relação com sua epistemologia, ou seja, que a Ciência é um sistema aberto e que você está o tempo todo buscando formular ideias que possam ser falseadas pela experiência. Essa é a epistemologia do Popper.

Científicos, são os enunciados que a experiência pode falsear, não só verificar. Verificar não é suficiente. É preciso falsear, provar que está errado.

No livro acima citado, Popper menciona o *spell of Plato*, ou "feitiço de Platão", que se materializará em Hegel e Marx, é o feitiço da utopia política perfeita. São os dois descendentes de Platão, no entendimento de Popper.

Por sua vez, Berlin possui um volume de ensaios intitulado *Os Inimigos da Liberdade*, no qual ele discute Platão, Hegel, Marx e Rousseau, temas que não fazem parte explicitamente do escopo

---

3. Anna Akhmatova (1889 – 1996). Teve suas obras censuradas durante o stalinismo e só foi reabilitada após a morte de Stálin, em 1953. Entre essa data e sua morte, em 1996, teve permissão para fazer duas viagens ao exterior, para receber um prêmio na Itália e uma homenagem em Oxford, esta última por iniciativa de Isaiah Berlin.

de Popper. O paralelo entre ambos se encontra justamente aí, a começar pela produção bibliográfica.".

O "feitiço de Platão" é retirar o pensamento do âmbito empírico da realidade e jogar para o âmbito abstrato, ou ideal, da realidade. Nesse processo, para Popper, perde-se o caráter científico da política. Qual é o caráter científico da política? Que as ideias da política sejam testadas pela experiência. Por exemplo, o socialismo foi testado pela experiência, o bolivarianismo também. E deu no que deu.

Afinal, porque Hegel e Marx estão no escopo do "feitiço de Platão"? Porque esse "feitiço" parte da ideia de que o homem pode construir uma sociedade ideal, de que a história tem um sentido. O "feitiço do Platão" é a República, enquanto Hegel e Marx construíram um feitiço em cima da História — que Platão não constrói — de que a História obedece um ritmo definido seja pela ideia do espírito absoluto de Hegel, seja pelos modos de produção criados pela luta de classes.

Qual é o erro de Marx, segundo Fukuyama[4]? É acreditar que seria possível explicar uma sociedade a partir de uma única ideia. A luta de classes, por exemplo.

Não há uma ideia única que explique os eventos políticos e históricos. Só um monte delas, reunidas num conjunto.

Tony Judt[5] afirmava que o intelectual liberal amava a imperfeição". O que significa isso? O liberal é alguém que aceita a

---

4. Francis Fukuyama (1952). Filósofo, economista, doutor em Ciência Política pela Universidade de Harvard e professor na Universidade de Stanford. Ficou conhecido por seu livro *O Fim da História e o Último Homem*, onde defende a ideia de que a democracia liberal ocidental é o ponto final da evolução sociocultural humana.

5. Tony Judt (1948-2010). Historiador, graduado na Universidade de Cambridge e com PHD na École Normale Supérieure, de Paris. Autor de livros polêmicos como: *Um Tratado sobre os nossos atuais descontentamentos* e *Passado imperfeito – Um olhar crítico sobre a intelectualidade francesa no pós-guerra*.

imperfeição como um fato consumado. Aron, Popper, Berlin, são exemplos no século XX desse amor a imperfeição. Ou seja, voltamos à ideia do *crooked timber*. Não tem como ser perfeito. Esse caráter liberal, no sentido filosófico, parte, exatamente, dessa ideia, de que você lida com conjuntos sociais desorganizados. É muito difícil colocar uma ordem mínima. Daí a ideia de que é preciso levar em conta posições conservadoras, porque elas partem de princípios constituídos. A gente não sabe porque o hábito foi constituído, mas se ele existe há muito tempo, deve ter um sentido que nunca vamos saber qual é. Essa é a raiz da posição conservadora na política. "Eu não sei direito o que está acontecendo. A gente nunca soube". Então, qualquer mudança, só *no retail, never wholesale*. Só no varejo, nunca no atacado. Ou seja, ajusta uma coisa aqui, outra lá, mas não solta a boiada. Porque, se soltar a boiada, vão arrebentar tudo. Há uma desconfiança de base com relação a engenharias sociais.

O erro de Hobbes, que é possível identificar também em Rousseau e Locke, como observado por muitos pensadores, foi o fato de que eles pensaram em indivíduos fazendo escolhas racionais.

Taquari: *Está correto dizer que o homem nunca se livrou de um certo grau de irracionalidade?*

Pondé: A espécie *Sapiens* nunca foi feita de indivíduos. Ela sempre foi feita de grupos. O *Sapiens* nunca viveu sozinho. Eles não assinaram um "contrato social" para viverem em grupos, mas sempre viveram em grupos. O contrato social hipotético é uma assinatura entre diferentes grupos, para diminuir a violência entre eles e dentro do próprio grupo. Historicamente, nunca existiu esse indivíduo de natureza pura, como eles pensavam, que vivia sozinho, que pensava em si mesmo. A gente sempre viveu em grupo. As mulheres nunca deram à luz sozinhas, como algumas feministas chegam a propor. Seria um desastre. Ao longo da história, se isso fosse feito, iria atrair predadores e haveria muitas mortes. O próprio processo de parto é uma condenação do ser humano a um grupo. A mulher não consegue dar à luz sozinha. Ela precisa de outras pessoas para ajudar e para protegê-la num momento de enorme vulnerabilidade.

O erro de Rousseau, Hobbes e Locke — considerados os pais do pensamento político moderno — é terem pensado em indivíduos.

Para Fukuyama, quem mais errou foi Locke. O essencial do ser humano nunca foi uma discussão ao redor da propriedade, embora a propriedade constitua algo importante. O ser humano é muito mais irracional do que isso, diz Fukuyama. Hobbes acerta, quando diz que existe uma violência de base, no convívio da espécie, que impõe uma realidade política. Não porque ela é boa. Mas porque sem ela é pior.

Por isso, qualquer filósofo político diz: "é melhor uma ordem má do que nenhuma ordem."

Fukuyama ironiza os libertários, mesmo sendo ele um liberal. Mas não é um idiota.

Aos libertários, que acham que não tem que existir Estado, ele sugere que mudem para região do subsaariana. Lá não existe Estado. Cada um tem sua arma. Isso existe também em outros lugares, onde sempre reina o caos.

Mas o Estado é Leviatã, como disse Hobbes. Não é flor que se cheire.

Rousseau também acertou, segundo Fukuyama. É muito provável que a violência entre os grupos piorou com a agricultura.

Quando a espécie era nômade, caçadora, coletora e não acumulava nada, havia menos razão para a violência. Quando a espécie se sedentarizou — como diz Yuval Noah Harari, no livro *Sapiens*, "nós nos adaptamos ao trigo e não o trigo a nós" — e passamos a ficar presos a um local isso começou a exigir mais organização social. Abriu caminho para a ideia de propriedade, não necessariamente individual, mas coletiva, voltada para grupos. Daí a origem dos conflitos entre grupos, bandos, que podiam aterrorizar quem estava plantando, uma vez que o agricultor é mais vulnerável do que aqueles que o atacavam. Isso aconteceu de fato. Basta pensar em Gengis Khan, por exemplo, que não conseguiu criar um Estado, mas destruiu muitas comunidades. Fez muitas conquistas, mas morreu e acabou. Os filhos se mataram, e tudo aquilo que ele criou, acabou porque não conseguiu criar uma instituição.

As instituições são ruins, mas precisamos delas. Acontece que tem gente que acha isso o máximo. Que adora a burocracia. Como o burocrata descrito por Weber, que se espalha por todos os níveis do Estado — alto, baixo e médio — e é responsável por fazer a máquina estatal funcionar.

Taquari: *Há quem acredite que possa existir uma "violência do bem"?*

Pondé: Fukuyama entendia que Rousseau acertou porque, de fato, o início da agricultura desencadeou a violência. Mas, se isso não tivesse acontecido, estaríamos vivendo até hoje como aborígenes. E Hobbes também acertou porque a política é sobre violência.

O problema é que a esquerda, Rousseau, Marx e outros, entenderam que pode haver uma "violência do bem".

No entanto, para Popper, o "feitiço de Platão" não apenas projetou uma filosofia política para um mundo inexistente, mas também concebeu uma história que jamais existiu. Isso ocorre porque esse chamado "feitiço" impede que se pense a política a partir dos elementos concretos da realidade.

Por exemplo, alguém diz: "Descobri como funciona a sociedade, a partir da luta de classes." Não há dúvida de que a luta de classes existe, uma vez que existe ressentimento, inveja. Mas

Popper defende a sociedade aberta, liberal, por entender que é uma sociedade mais empírica, baseada em tentativa e erro, *checks and balances*. Qualquer ideia de sociedade deve ser de uma sociedade aberta, para não cair no feitiço da ideia. Aberta à experimentação, à realidade. Quando Berlin ataca os inimigos da liberdade, ele está atacando desse ponto de vista. Berlin falava de liberdade negativa e liberdade positiva — *Dois Conceitos de Liberdade* — um dos grandes livros dele. A liberdade negativa é a liberdade essencial, a de não querer ser perturbado por ninguém. É a liberdade do pensamento conservador americano. A liberdade de não querer fazer determinada coisa, de não ser obrigado a pensar de determinada maneira.

A liberdade positiva é a liberdade criada por um conjunto institucional que entende que a liberdade se dá dentro de uma ordem da sociedade de direito, o *rule of law*, que o Estado cria. Por exemplo, liberdade para os gays poderem se casar. A liberdade para se impedir o uso de seres humanos como força motora, ou seja, a escravidão.

Nesse conceito, positiva e negativa, não significam que sejam boa ou ruim.

Positiva é porque ela é criada para. O Estado cria mediante leis. Na negativa, a lei deve proteger algo que existia antes dela. O direito de ninguém se meter na vida do outro. Claro que se trata de um liberal pensando.

Acontece que essas duas formas de liberdade nem sempre convivem bem. Se o Estado começa a dizer que uma escola tem que ensinar teoria de gênero para as crianças, por exemplo, eu como pai posso entender que isso é uma invasão do meu direito de decidir como meu filho será educado. É o que se vive hoje. Esse conflito, da liberdade positiva e negativa, ocorre o tempo todo.

Quando cresce demais a liberdade positiva, a negativa se sente invadida. Se você entrega o mundo completamente à liberdade negativa ele pode se tornar inercial.

Michael Oakeshott, filósofo inglês do século XX, um pensador do eixo político de Oxbridge, tem um livro chamado *Políticas da Fé e Políticas do Ceticismo*. Oakesshott é um conservador britânico, clássico, talvez o último. Em seu livro, ele diz que políticas da fé partem do princípio de que o ser humano pode tomar o destino em suas mãos, seja acreditando que o mercado resolve tudo, seja crendo na engenharia socialista.

Políticas do ceticismo são aquelas que propõem desconfiar o tempo todo de que é melhor não mexer porque vai desandar. O conservador que acredita no *not in my yard*.

Oakeshott acreditava que as duas formas de política têm aquilo que ele chama de "estágio Nêmesis", a deusa grega da vingança e da justiça.

Quando se fala do "estágio Nêmesis" de alguma coisa, significa aquele momento em que aquela tendência se vinga de você, porque você ficou radical demais.

Então ele diz que nas políticas da fé, a Nêmesis é a vaidade.

Quem acredita em políticas transformadoras, no fundo é vaidoso, que é o argumento de Burke sobre Rousseau, o *philosopher of vanity*, o filósofo da vaidade.

Os que acreditam demais que os céticos estão certos correm o risco de serem inerciais.

Não se mexe, melhor deixar como está, como sempre foi, que o Estado não se meta na minha vida. *I mind my own business*. Eu cuido das minhas coisas, a frase típica da liberdade negativa americana.

A verdade é que a sociedade depende das duas formas de liberdade, mas é preciso ficar negociando o tempo todo. Não há convívio harmonioso. Quando uma cresce demais, a outra começa a entrar em conflito.

Então, Berlin não está sozinho nessa posição, nessa percepção de valores que não convivem bem um com outro. É preciso ter os dois numa sociedade.

Mas vai explicar isso pra certas pessoas hoje...

Capítulo 12

A ILUSÃO DO POPULISMO

Taquari: *O populismo continua iludindo milhões de pessoas, em todo o mundo, apesar das evidências de demagogia e da tentativa de perpetuação no poder pelos políticos que comandam esse tipo de regime. Porque isso ainda acontece?*

Pondé: Em primeiro lugar, porque as pessoas gostam disso e também porque, não adorar um salvador da pátria, dá muito trabalho para a cabeça. Existem vários elementos que podem derrotar a experiência da democracia liberal e um deles é o populismo, que está bem na nossa frente. Mas, pensando filosoficamente, apesar desse discurso meloso que existe hoje sobre amor à democracia, eu tenho a impressão de que a estupidez humana pode derrotar a democracia. A democracia exige um certo grau de amadurecimento. É preciso perceber que o regime democrático não entrega felicidade ou soluções fáceis para os problemas, como disse Biden, quando ganhou a eleição de Trump, em 2020. É um regime que tem suas imperfeições, precisa de ajustes.

Normalmente, quando as pessoas pensam no Estado, no governo, elas pensam na forma simples de seu dia a dia. O cotidiano de uma pessoa é infinitamente mais simples do que a administração de um país. A começar pelo número de variáveis em jogo. Não significa dizer que não existe sofrimento individual. É claro que existe. A questão está no número de variáveis com as quais é necessário lidar, especialmente quando o regime não é autoritário. Nesse sentido, o aspecto ideológico funciona como uma espécie de repouso infantil. De modo geral, as pessoas pensam: tenho uma ideologia na qual acredito e que penso ser a solução. Colocar isso em prática, na maioria das vezes, significa mentir ou enveredar por narrativas que servem ao princípio ideológico. Isso tudo é muito infantil. No sentido da percepção simplificada da realidade. O populismo tem essa característica. É a percepção infantil da política.

Taquari: *De onde vem essa definição de populismo?*

Pondé: A palavra populismo veio da Rússia, do século XIX, num sentido bem diferente do que o atual. Na Rússia do século XIX, o populismo foi um discurso socialista, embora a ideia de Socialismo na época não estivesse ainda tão clara. Autores que se dedicaram ao tema, entre eles Alexander Herzen, que viveu exilado na Inglaterra grande parte da sua vida ativa — considerado o pai do socialismo russo e um dos principais responsáveis pelo movimento que resultou na emancipação dos servos, em 1861 — entendiam que o populismo significa a "ida ao povo". O que significava isso? Ir ao encontro do camponês russo, do mujique. A ida ao povo para aprender como o povo vive. A ideia de que o povo tinha uma sabedoria que a elite urbana, letrada, não tinha. E que era parte dessa sabedoria a vida em socialismo natural, como eles diziam. A ideia de que os mujiques eram a prova de que o ser humano pode viver num estado de socialismo natural, quando não está corrompido pelo dinheiro, uma coisa meio roussoniana. Significava acreditar que, quando o povo não está corrompido, vive partilhando tudo que tem. Isso resultou numa catástrofe. Acontece que o povo partilhava tudo porque era muito miserável. Era muito pobre. É fácil ser socialista quando se é muito pobre. Na verdade, é um imperativo, porque as pessoas têm que partilhar tudo. Em muitos casos, eles chegavam a partilhar até as mulheres. Havia uma idealização do que era o mujique.

Tchekhov, que veio de uma família de servos, os *kulaks* — aqueles que se deram bem com a emancipação, uma vez que assumiam a gestão da propriedade do senhor — viravam funcionários bem-sucedidos: ganhavam bem, viviam em casas melhores e se alimentavam bem. Durante a Revolução Russa, os bolcheviques massacraram os *kulaks*. Lênin criou a luta de classes entre os camponeses porque o bolchevismo era um fenômeno urbano, de operários, e os camponeses eram mais de 80% da população. Ele conquistou o apoio no campo ao fazer uso da inveja que a imensa maioria dos camponeses tinha dos *kulaks*, vistos como traidores, servidores do senhor. Quando ocorreu a emancipação, os *kulaks* se deram bem, porque tinham uma condição de vida melhor. Eles sabiam trabalhar como gestores e muitos tinham mandado os filhos para a escola, ao contrário da maioria das pessoas no campo. Era o caso de Tchekhov, que foi estudar Medicina. Ele nasceu servo, um ano depois já era livre, em 1861, e se formou em Medicina. Tchekhov escreveu um conto chamado *Os Mujiques* (Os Camponeses), onde ele mostra que eles viviam na miséria. Eram explorados e moravam em habitações imundas. Tolstói também chegou a escrever sobre os mujiques, mas ele idealizava os camponeses.

Então, o populismo nasceu na Rússia, mas como uma idealização popular, das pessoas comuns. Muitos desses jovens se mataram, entraram em depressão, se tornaram alcoólatras, foram presos. Os próprios mujiques os entregavam para a polícia do czar. Os mujiques não compreendiam essa ideia de socialismo, nem o fato de pessoas invadirem suas vilas e tentarem viver como eles. Alguns desses jovens que vinham dos centros urbanos viraram mujiques e ficaram lá vivendo naquela miséria idealizada. Assim, o populismo surgiu de uma idealização da elite sobre uma suposta sabedoria socialista, de um estilo de vida considerado socialista natural.

Taquari: *Com o tempo, acabou acontecendo uma migração dessa ideia?*

Pondé: O que aconteceu com a revolução bolchevique e com os movimentos fascistas é que a ideia de populismo migrou de uma idealização do povo para um mecanismo de idealização dos líderes que o povo entende como seus protetores. E aí chegamos no que se vê hoje. Esse populismo representado por Lula, Bolsonaro, que é um risco natural da democracia. Isso porque o povo continua sendo aquele povo que eles idealizaram na Rússia: sem instrução e sem meios para entender o que se passa.

A Ciência Política demonstra que ninguém tem cognição política suficiente para lidar com todas as variáveis que existem na política. Isso é uma afirmação da Ciência Política, não é uma hipótese. Ninguém, talvez o Deus do Descartes, tivera o intelecto superior que se supunha que Deus tinha, e que os seres humanos também não têm.

Então, ninguém sabe, exatamente, o que acontece na política.

Taquari: *As pessoas continuam buscando um "pai dos pobres"?*

A população comum projeta sobre o Estado, sobre o governo, a visão de mundo que ela tem, embora tenha menos informação política. A ideia de que existe alguém que você ama, que é perfeito, que vai te salvar, o chamado "pai dos pobres", como Getúlio Vargas, é a fórmula mais fácil. Na realidade, o populismo é o atalho entre o povo e a expectativa de que o governo resolva seus problemas.

Visto de outra perspectiva, qual seria o significado de grande parte do movimento evangélico no país, senão um movimento profundamente populista? Como o povo quer uma visão da vida simplificada, e o populismo promete isso, ele acaba prevalecendo. A coisa funciona assim: as pessoas se identificam com uma figura e, em troca, o político populista sabe alimentar isso.

Como o Lula, que é um populista melhor do que o Bolsonaro. Bolsonaro é um grosso. Em plena pandemia, com um monte de gente morrendo, ele fala: "Eu não sou coveiro". É muito burro. Lula é sagaz, esperto. Nesse sentido, Lula é um populista mais perigoso do que Bolsonaro. Isso porque Bolsonaro se autodestrói. Toda aquela história sobre as vacinas, de que a Covid não estava matando. Surpreende o fato de que muita gente se deixou levar por esse tipo de opinião e não tomou a vacina. Até mesmo médicos, farmacêuticos. Daí o fato de que os seguidores de Bolsonaro, de maneira geral, passam a impressão de que sofrem de sérias limitações de raciocínio.

Portanto, o risco do populismo para a democracia é constante. Passadas as experiências fascistas e dos soviéticos, elas voltam de certa forma ao cenário, a gente está vendo isso. Seja à direita ou à esquerda. Elas voltam ao cenário porque é o *modus operandi popular*. Então, sem dúvida, o populismo é uma séria ameaça à democracia.

Taquari: *Faz sentido dizer que existe uma relação entre a política e o pântano?*

Pondé: Uma das experiências que a democracia está enfrentando — que os federalistas já apontavam lá no século XVIII, nos Estados Unidos — é a questão da soberania popular. O povo é isso, gosta de soluções simples. O povo gosta de pais e mães, não quer complicação.

Não tem essa história de que o melhor acordo em democracia é aquele em que os dois lados não ficam felizes. Vai explicar isso para as pessoas, que esse é o acordo possível na política. A verdade é que a política se resolve no pântano, como se falava na época da Revolução Francesa. A política é uma arte voltada para o pântano.

Taquari: *Esse sempre foi um tema pouco estudado?*

O populismo sempre foi tratado como uma espécie de doença da democracia. Contra ela, prevalece a noção de que ele pode ser vencido pelo uso do pensamento, do esclarecimento, do acesso à informação e não algo que a democracia não possa enfrentar. Daí o fato de que nunca despertou grande atenção de pensadores, seja na Filosofia ou na Ciência Política.

Um autor, na França, que se debruçou sobre esse tema, especificamente, o populismo soviético, não o populismo original na Rússia, foi Raymond Aron. Albert Camus também chegou perto, mas ele nunca se interessou, realmente, pela política. Camus sofreu bastante com a política. Como era nascido na Argélia, quando ocorreu a guerra da independência, com a esquerda toda a favor dos argelinos, começaram a cobrar um posicionamento dele. Então, perguntaram o que ele achava dos atentados terroristas da Frente de Libertação, que lutava contra o colonialismo francês. Ele respondeu: "entre a Justiça e minha mãe, eu fico com minha mãe". A mãe dele morava em Argel. Esse era o Albert Camus.

Raymond Aron, filósofo e sociólogo, defendia a crítica ao capitalismo. Ele nunca foi um defensor do capitalismo, daqueles que acham que o mercado resolve tudo. Isso é o chamado populismo liberal. Basta ver o conflito entre o populismo estatal e o populismo liberal. Há uma dificuldade de entender que não dá para viver sem o mercado ou sem o Estado. Aí voltamos ao pântano.

Quando pensa no populismo soviético, Aron pensa na influência dele nos próprios intelectuais. Daí a frase dele sobre o ópio dos intelectuais. A partir da afirmação de Marx de que "A religião é o ópio do povo". Uma frase que Marx gostava de citar, mas que não era dele. Aliás, Marx adorava citar frases que não eram dele. Aron parafraseou isso e disse que "O marxismo é o ópio dos intelectuais". Para Aron, o marxismo é a teoria que justifica um viés populista na política, à esquerda.

A França, depois de Tocqueville, nunca produziu um liberal de fato. Segundo Tony Judt, um liberal de fato é alguém que ama a imperfeição. E os ingleses sempre souberam lidar melhor com a imperfeição do que os franceses. A começar pela língua. As normas da língua francesa. Há uma diferença entre o Francês falado e o escrito, onde há tempos verbais que você só escreve, mas não fala. O que eles chamam de francês *"bien levée"*, bem formado. Há um rigor com a língua, bem maior do que no Inglês.

Raymond Aron se dedicou a estudar o populismo, mas de uma forma muito sofisticada. Na realidade, os filósofos nunca gostaram muito de pensar no povo. O próprio Lênin pensava assim, imagine, um grande populista como ele era. Marx também pensava assim. Marx odiava líderes socialistas trabalhadores, tinha desprezo, porque entendia que a revolução só podia ser feita por gente com formação alemã. Como ele. Ele dizia que líderes socialistas trabalhadores só atrapalhavam porque ficavam fazendo bagunça nas ruas. Para Marx, os tumultos só deveriam acontecer na revolução.

Raymond Aron acreditava que o regime democrático ideal era a democracia americana. Como lembra Tony Judt, ao analisar a obra de Aron, a questão está relacionada com a responsabilidade das elites. Para ele, a democracia só funciona com líderes e intelectuais que assumem a responsabilidade de ser elite.

E de resistir às tentações que o populismo traz.

Aron representava a sofisticação do pensamento, dizia Judt. E o oposto do populismo é a sofisticação do pensamento. A democracia é o regime que demanda essa sofisticação. O populismo é sempre uma recaída do povo em sua própria indigência, uma forma de infantilidade.

A diferença entre uma democracia populista e uma não populista, segundo Aron, é que essa última exige uma liderança que resista aos delírios do povo. Por isso, Aron era considerado elitista, reacionário, o que ele não era. Nada a ver com as ideias de Joseph de Maistre[1], para quem foi cunhada a expressão reacionário.

Raymond Aron não aceitava a ideia de que a democracia pode viver sem o Estado e na mão do mercado. A resposta da democracia contra o populismo é a inteligência. Nesse sentido, ele estava enganado. Não há muita saída por aí. Acontece que ele estava escrevendo num momento em que o populismo de direita tinha caído em desgraça, pelo que aconteceu com o fascismo e o nazismo, mas o populismo de esquerda estava em ascensão. Aron considerava esse o risco da democracia. E é isso que a gente vive no Brasil com o PT.

Os Estados Unidos também enfrentam o risco do populismo, o que os federalistas chamavam de "efeito rebanho". Foram eles que estabeleceram as bases do colégio eleitoral americano, por entenderem que a eleição não poderia ser direta, diante do risco de elegerem qualquer idiota. Mas essa é uma luta constante. É constante a democracia ter que lidar com a vocação natural da população ao populismo. Isso acontece por se tratar de um modo de democracia mais fácil, mais simples.

---

1. Joseph-Marie de Maistre (1753 – 1821). Escritor, filósofo, diplomata e magistrado. Um dos mais influentes pensadores do movimento contra a Revolução Francesa; defendia o retorno à monarquia absoluta, que considerava de inspiração divina. Após a Revolução, se exilou na Rússia e, mais tarde, escreveu um livro intitulado *Noites de São Petersburgo*.

O povo tem uma vocação natural ao populismo. E o populismo pode matar a democracia. Veja, por exemplo, as pessoas que defendem o fechamento do STF. Isso não faz sentido. A democracia exige o funcionamento das instituições. No caso do STF, ruim com ele, pior sem ele. O difícil é explicar isso para as pessoas que estão impedidas de falar porque, se falarem, terão a palavra cassada pelo STF. Vai explicar isso para os bolsonaristas que defendiam o fechamento do Supremo por conta dos atropelos à Constituição.

Aqui chegamos naquela ideia do Hegel de paciência do conceito. A democracia exige uma paciência do conceito. Acontece que ninguém tem essa paciência. A gente fracassa sempre nela.

Capítulo 13

FRACASSADOS E RESSENTIDOS

Taquari: *Theodore Dalrymple considera o ressentimento como uma doença epidêmica do mundo atual. As pessoas estão sempre procurando culpados pelos seus fracassos. Uma hora são os pais, outra é o professor "malvado". Como analisar essa questão?*

Pondé: Dalrymple fala do ressentimento como algo que nunca passa, que vai se realimentando o tempo todo. O ódio pode passar, o amor pode passar, mas o ressentimento não. Ele compara o ressentimento ao som que o giz faz na lousa, um som irritante. Dependendo de como se risca a lousa com o giz, o som dá uma agonia em todos que estiverem por perto. Lembro disso como aluno e como professor.

Na verdade, o conceito vem de Nietzsche. Ele é o criador do conceito de ressentimento em Filosofia e esse é um de seus principais conceitos. Para Nietzsche, o ressentimento nasce da indiferença do Universo para conosco. A rigor não é, porque o Universo não tem consciência.

Essa cegueira absoluta do Universo é experimentada pelo homem como uma indiferença. É o mesmo que Camus fala na Filosofia do absurdo, no mito de Sísifo. O homem é um ator, cujo enredo é a busca de significado. O cenário é o mundo, que não oferece nenhum significado.

Então, existe um conflito estrutural entre o que o homem busca e o que o mundo é capaz de oferecer. Nietzsche — antes de Camus, mas esse último claramente influenciado pelo primeiro — dizia que o ressentimento brota do coração do homem e vai ser a fonte da moral de rebanho. A moral que persegue todos que não sofrem de ressentimento.

Dalrymple parte desse conceito e o usa num plano sociológico, psicossocial e político, para defender a ideia do ressentimento como um afeto político básico, que está na realidade, no fundo no pensamento de toda a esquerda, uma experiência de baixa autoestima, de percepção da falta de valor, da inveja, de uma mágoa que se repete, se repete, se repete. Para Nietzsche e para Dalrymple é a prova de que os progressistas, no final das contas, só produzem lixo.

Em seu primeiro livro, *A Vida na Sarjeta* Dalrymple trata do ressentimento, assim como fala no *Qualquer Coisa Serve* ou em *Nossa Cultura... Ou o Que Restou Dela*, ou em *Podres de Mimados*.

Taquari: *Essa tendência entre os ressentidos de buscar culpados nos pais, nos professores ou colegas, é um tipo de compensação?*

Pondé: Na realidade, a atribuição de culpa ao outro é porque o ressentido acha que merece mais, que deveria ter mais importância, que deveria ser visto como alguém que vale mais do que os outros. Aí ele põe a culpa nos pais, por achar que o tornaram miserável como ele é, os professores não o deixaram se destacar. Então, o ressentido vai culpar a sociedade como um todo, por tudo que ele sente.

Dalrymple entende que esse é o motor da esquerda. Isso ele vai falar também no *Podres de Mimados*, em que trata do romantismo degenerado. Nesse livro, ele alerta para o risco de mimar os filhos o tempo todo. O resultado, segundo Dalrymple, é que eles viram monstros e passam a acreditar que o mundo tem de mimá-los também. E, quando o mundo não os mima, eles ficam ressentidos.

A dinâmica de responsabilizar o outro, o Estado ou a sociedade é tipicamente de alguém que é, na base, mimado e acha que não recebeu a devida atenção.

Tem uma passagem de Tocqueville, sobre ressentimento, no livro *Memórias*, que trata da revolução de 1848, em Paris, quando ele era deputado constituinte. Ele descobre que um de seus criados — Tocqueville pertencia à aristocracia, era conde — estava planejando matá-lo. Então, ele se prepara e, quando o criado tenta assassiná-lo, a polícia entra em ação e prende o sujeito. Ao descrever a personalidade desse criado, Tocqueville diz: "Ele era um ressentido. Por isso, ali estava um socialista". Ou seja, ele faz um vínculo direto entre o socialista e o ressentido.

A estrutura social do ser humano — nisso Nietzsche acertou — favorece o ressentimento. David Hume dizia que não existe justiça social que, segundo ele, era uma ideia absurda. Acontece que a estrutura social é violenta. A maioria sofre. Então, é fácil ficar ressentido.

Para Dalrymple, a estrutura social não justifica ser ressentido o tempo todo. Tem pessoas que vem da mesma classe social, sofrem do mesmo jeito e não são ressentidas. Tem aí uma suspeita de que o ressentimento, na realidade, é um truque para o sujeito que é fraco de caráter não enfrentar a sua própria situação. Dalrymple é um filho típico do pensamento conservador britânico.

Taquari: *O que acontece com a classe política que parece passar por uma certa deterioração de valores?*

Pondé: A política virou profissão. As pessoas podem subir na vida pela política. Dalrymple é, de certa maneira, um nostálgico. Nostálgico de uma atitude aristocrática. Isso lembra Russell

Kirk, um filósofo e historiador americano, uma das figuras mais importantes do pensamento conservador no século XX. No livro *Conservative Mind* (Mente Consercadora) ele narra a trajetória do pensamento conservador no século XX. Esse é um livro de história das ideias.

Kirk tem outro livro chamado *Education and Freedom* (Educação e Liberdade), em que conta que desistiu da universidade e começou a formar grupos de estudo. Ele dizia que, desde que a universidade virou uma busca de carreira profissional, para levar a uma ascensão social, ela deixou de ser livre. Em outras palavras, pessoas que ascendem socialmente graças à universidade não são pessoas que pensam livremente, porque estão sempre preocupadas em turbinar a carreira. Elas vão fazer todos os tipos de acordos — incluindo baixarias — para garantir seus empregos e o sucesso.

Isso é a universidade, segundo Kirk. A ideia de Kirk é que a universidade não poderia ser um espaço onde as pessoas subam de classe social por conta de seu trabalho lá. Logo, trata-se de uma posição elitista. Se pensarmos que, se não tivesse ocorrido uma Segunda Guerra, não teria existido um personagem como Winston Churchill. Acontece que Churchill vinha de uma família de aristocratas, era descendente do Duque de Marlborough. Ele não tinha o título, mas tinha o sobrenome de uma família centenária. Churchill é um exemplo de político não oportunista.

Essa ideia de que os políticos hoje estão mais preocupados com a carreira, fazem todo tipo de patifaria e voltam de forma sorrateira tem a ver com o fato de que o político está trabalhando para ele.

Taquari: *Um dos traços comuns nos políticos atuais é o descaso com o bem público e foco nas próprias carreiras?*

Em *Democracia na América*, Tocqueville diz que a reeleição para cargos públicos deveria ser proibida. Segundo ele, a reeleição implica que o representante não vai pensar no representado. Vai pensar na reeleição, que é o que acontece.

No Brasil, a segunda reeleição aprovada no governo de Fernando Henrique Cardoso foi um desastre. Veja o Lula, está cada vez pior.

Outro ponto que Tocqueville defende é que, para garantir o caráter idôneo dos representantes eleitos, na democracia americana, eles não poderiam ter salários. Isso significa que o exercício dos cargos públicos ficava limitado aos ricos. Era preciso ter renda ou o político não teria como se sustentar.

Taquari: *No livro* Democracy Under Siege *(Democracia Sitiada), Frank Furedi alerta para a crescente hostilidade contra a democracia que, segundo ele, não parte apenas das ditaduras escancaradas, mas até de regimes supostamente democráticos. Ele está correto?*

Pondé: Um dos pontos que Furedi destaca é que a democracia é um regime muito complicado. Muito difícil de ficar de pé. Ele também observa que a democracia não entrega felicidade. Segundo Furedi, não faz parte dos protocolos desse regime entregar felicidade. Na verdade, o grande problema da democracia é a soberania popular. Ou seja, uma evidente contradição.

Além de Furedi, Jason Brannan[1], no livro *Against Democracy* (Contra a Democracia) mostra que a soberania popular é um problema para a democracia.

Existe, ainda, a questão do desvio do foco do debate. Entre os setores que se sentem claramente incomodados com a democracia estão os intelectuais que escolheram o tema das mudanças

---

1. Jason Brennan é professor de Estratégia, Economia, Ética e Políticas Públicas na McDonough School of Business da Universidade de Georgetown. Ele é autor de diversas obras, incluindo *Against Democracy*, na qual critica o sistema democrático atual e propõe a epistocracia, um governo baseado no conhecimento dos cidadãos.

climáticas como seu nicho de mercado. Uma das tragédias do sistema capitalista de mercado é transformar a atividade intelectual também em mercado. Então, para garantir vínculos, associação com instituições de credibilidade, é preciso atuar dentro de nichos específicos. E o clima hoje é um nicho. Porém, a democracia liberal não favorece aqueles que estão preocupados com as políticas do clima. Essa é a questão que Furedi está pensando. Basta lembrar todas as COPs, incluindo a de 2025, em Belém, essa patifaria generalizada. Vamos lembrar o acordo de Paris, de Kyoto, todos eles. Esses acordos não têm soberania nenhuma. Trata-se de órgãos multilaterais, mas quem tem soberania é o Estado liberal democrático. Há outros também, mas vamos nos ater aos democráticos, que levantaram essa questão do clima na Europa. Então, apesar de serem eles que propõem, votam e aprovam aquelas iniciativas, tudo depende da soberania do Estado nacional.

Os governantes, além do fato de que precisam ganhar eleições para se manterem no poder, não estão realmente interessados na questão do clima — basta ver a posição de Lula em relação ao petróleo, na Margem Equatorial. O problema é que eles têm mandatos muito curtos e o clima segue outros parâmetros. O planeta esquenta e esfria desde sempre. A novidade é que quem está fazendo isso é o homem.

Então, percebe-se, entre certos grupos, incluindo aqueles envolvidos nas conferências do clima, um estremecimento em relação à democracia liberal. Porque os Estados democráticos não conseguem entregar a soberania que os ativistas do clima esperam. Se eles pudessem, seriam claramente simpáticos a algum tipo de entrega da soberania do Estado nacional a órgãos internacionais e tecnocratas especializados em clima.

Taquari: *Isso significa reduzir o poder dos representantes eleitos pelo povo em favor de algum órgão internacional de controle?*

Pondé: A Comunidade Europeia já é algo assim. Não por causa do clima — apesar de que ela pega pesado nas questões relacionadas ao meio ambiente e à agricultura — mas ela representa a ideia de que a União Europeia é melhor conduzida por tecnocratas de Bruxelas que entendem de economia, foco da União Europeia. Na verdade, a Comunidade foi criada pela França e Alemanha — Inglaterra de lado — para que franceses e alemães não entrassem em guerra novamente. Isso não é uma hipótese. Isso é reconhecido na Europa. Mitterrand falava isso a toda hora. Ou é a Comunidade Europeia ou eles voltam a guerrear. A única forma de fazer com que os europeus parassem de se matar — como faziam desde o século XVIII, entre a França, os principados alemães e a Prússia, ao longo do XIX, na guerra franco-prussiana, Primeira Guerra, Segunda Guerra, com a Inglaterra sempre vindo em socorro da França. A Comunidade Europeia é um governo supranacional, que limita a soberania de cada país, em discussões sobre refugiados, moeda — nem todos estão no espaço do Euro, mas eles se acertam na Economia e regulações.

Voltando a Furedi, em 2004, ele lançou um livro chamado *Terapy Culture* (Cultura da Terapia), em que identifica um fenômeno na mídia impressa, em língua inglesa, observado também na Educação, na televisão, nos programas, nos jornais, que é uma invasão do vocabulário da psicoterapia da mídia, que chega as escolas. Ou seja, ele identificou o nascimento disso que a gente está vendo hoje. Nos Jogos Olímpicos de 2024, um dos temas levantados foi a saúde mental dos atletas. Ele analisou os termos usados na mídia impressa e a pesquisa se estende por dez anos, de 1991 a 2001.

A tendência à vitimização, através da linguagem psicológica, segundo Furedi, é um tema que já forçava a existência da democracia. A democracia precisa de pessoas responsáveis, adultas, maduras. Furedi hoje dirige um instituto, um *think tank*, em Bruxelas, que tem como objetivo estabelecer uma rede conservadora na Europa.

Ao analisar o comportamento, as obsessões que as pessoas têm hoje, Furedi dá atenção especial ao medo. Ele tem três livros sobre isso. Em 1999, ele lançou um livro, completamente atual, chamado *Parentalidade Paranoica*, mostrando como os pais estavam ficando paranoicos com o acúmulo de informação, gerando paranoia em relação aos filhos e isso iria acarretar muitos problemas de saúde mental, como gerou. Furedi vai percebendo os movimentos da sociedade e em que medida a democracia consegue responder a isso.

Furedi alerta que esses políticos que estão dando *bypass* nas regras democráticas. Eles fazem isso porque encontram eco na máquina política e na própria população.

É o caso, por exemplo, do Alexandre de Moraes. Ele não é um mandatário eleito. Só que ele é uma aberração maior ainda. Ele não tem mandato de soberania, mas está usando o poder dele sem nenhuma *accountability*, está usando esse poder pra ferir protocolos, ritos. Isso que a *Folha de S.Paulo* chama de anormalidade: eu sou a vítima, eu sou a polícia, o investigador, o promotor e o juiz, o que é absolutamente ilegal.

Na verdade, a democracia sobrevive mais pelos vícios do que pelas virtudes.

Taquari: *Frank Furedi defende o ponto de vista de que a sociedade está emburrecendo. E uma das provas disso, segundo ele, está na universidade e na mídia. Você concorda?*

Pondé: Em 2018, ele escreve um livro chamado *What's happening to the University?* (O Que Acontece com a Universidade?), onde acompanha casos ocorridos nos Estados Unidos, Inglaterra, Holanda, Austrália. Nesse livro, ele trata desse tema e cola o emburrecimento à infantilização. Ele cita casos de universidades americanas, em que ocorreram episódios de intolerância por parte dos alunos contra conferencistas, professores, durante os protestos contra Israel e manifestações de antissemitismo. Furedi atribui tudo isso ao emburrecimento, o que é absolutamente verdadeiro. E por que isso aconteceu? Porque a universidade destruiu o jornalismo. Isso por conta da atuação de professores da área de humanas, que contaminou de tal forma os alunos que eles foram para as redações com a missão de militar, não de exercer o jornalismo, com isenção e imparcialidade.

Uma das classes mais canalhas que existe é a dos professores universitários. Nesse ponto, Russell Kirk não deixa de ter razão. Esses grupos montam *lobbies* internos, de aspecto ideológico, historicamente de esquerda, como ocorre no mundo inteiro, desde o século XIX. Mas, se fossem grupos fascistas, seria o mesmo porque o negócio é sobreviver na estrutura.

Taquari: *Frank Furedi acredita que é só uma questão de tempo até que a liberdade de expressão seja limitada ou suprimida para evitar a divulgação de fatos considerados prejudiciais aos grupos no poder. Ou que os fatos recebam uma versão que os governantes julguem adequada. Estamos caminhando nesse sentido?*

Pondé: Já estamos assim. No Brasil, a gente já está sentindo isso na pele. E não é só o Estado, são as organizações em torno dele, os "corpos intermediários", como falava o Tocqueville. São os grupos organizados, setores do judiciário e associações de classe, entre outros. Esses setores estão se transformando em instâncias de censura. Algumas organizações acessam o Judiciário para reprimir o trabalho da imprensa. O Estado com certeza já vem fazendo isso. Basta ver o caso do Alexandre de Moraes.

Não bastasse tudo isso, os próprios jornalistas vão exercer esse controle, como já ocorre hoje em muitas redações. Isso garante bons empregos, poder, parcerias e *lobbies*. A luta para controlar a imprensa se torna mais visível no controle dos meios digitais, mas o controle pela sociabilidade interna nas redações é violentíssimo e invisível para quem não é do meio.

Nessa luta entre as plataformas e o governo, eu tenho mais medo do Estado do que das plataformas. E isso me preocupa muito. Na verdade, essa preocupação com a mídia vem desde que troquei a Medicina pela Filosofia.

Então, sou contra todo esse discurso sobre regulação da mídia. Não confio em quem vai regular. Prefiro a baixaria rolando, mesmo quando me atingem. Concordo com o Joel Pinheiro da Fonseca, essa coisa de querer bloquear as pessoas nas redes é como maquiar um sintoma, dar um remédio para um sintoma, sem olhar a causa.

Na verdade, o emburrecimento na universidade e na mídia vem do nível de maturidade muito baixo, que gera uma intolerância total.

Capítulo 14

SAPIENS? OU APENAS UMA ESPÉCIE PRÉ-HISTÓRICA PERDIDA NA MODERNIDADE?

Taquari: *Depois de dois mil anos da atual civilização, além da era dos persas, gregos e romanos, entre outros, pode-se dizer que houve progressos significativos entre os seres humanos, excluindo-se os avanços científicos e tecnológicos? O homem atual é muito superior a seus ancestrais pré-históricos?*

Pondé: Essa é uma pergunta de um milhão de dólares. Se tomarmos como ponto de partida o Alto Paleolítico, estamos falando em cerca de 100 mil anos atrás, já na era do *homo sapiens*, não há nenhuma prova de que o homem atual deixou de ser semelhante, no seu íntimo, a seus ancestrais. A ideia de que esse homem do século XXI evoluiu como ser humano, é um mito, uma ideia fantasiosa, tomada como verdade. Daquele momento da história para cá, não é provável que se consiga estabelecer alguma diferença de comportamento. Se alguém jurar que houve é sinal de uma mente em estágio de regressão.

Basta lembrar todos os exemplos de violência observados no mundo atual. Desde o comportamento de indivíduos, nos estádios de futebol, nos bares, nas brigas de trânsito ou entre os casais, onde o homem agride ou mata a mulher por ciúme. Tudo isso revela que, no fundo, apesar de um ligeiro verniz, ainda somos muito parecidos com nossos ancestrais pré-históricos. Sem esquecer das guerras e outros conflitos entre grupos rivais, dos mais diversos matizes.

Se pensarmos em todos os indícios de violência registrados desde a pré-história e a história antiga da humanidade, tanto os provocados por motivos políticos como religiosos, além da crença em espíritos malignos ou benignos, tudo isso mostra que a dimensão irracional do ser humano continua tendo um poder sobre nós.

A que se referem Freud e Jung senão a essa constatação? De um lado, Freud aponta nossos instintos selvagens sob repressão. De outro, Jung diz que vivemos dentro do inconsciente coletivo, que é um inconsciente ancestral, basicamente mitológico e religioso. Na realidade, Jung não achava que o homem primitivo era melhor do que nós. O que ele dizia é que o homem primitivo vivia no mesmo habitat que o *homo sapiens* viveu desde a pré-história. E aí era fácil acreditar em vozes, em sonhos.

A partir da racionalização e da modernidade, como fala Jung, o que aconteceu é que o homem foi expulso desse universo de crenças, mas a nossa psique e o inconsciente coletivo na qual ela está inserida, continua sendo a mesma. O que faz a terapia junguiana? Ela acredita que, se você analisar os sonhos, que é um reservatório e manifestação desse inconsciente coletivo, eminentemente religioso e mítico, é possível ajudar os *sapiens* modernos a sofrer um pouco menos, já que ele perdeu o habitat natural no qual sempre viveu.

Taquari: *Isso se estende, de alguma forma, também para a política?*

Pondé: Jung achava que a modernidade e a racionalização haviam adoecido o *homo sapiens* de uma forma que nunca havia ocorrido antes. Não significa que ele era bom antes. Mas ele vivia ali dentro. Agora, modernizados e racionalizados não conseguem evitar mais nada. Por exemplo, Jung não fala isso, mas a gente acaba acreditando na política, que é um tremendo mito. O mito de que a política pode ser racional, de que podemos construir um mundo melhor. Na realidade, é evidente que isso não fica de pé, o que tem deixado muita gente desencantada.

Freud não trabalha com inconsciente coletivo, não acha que o homem é essencialmente religioso. Ele tinha uma concepção de religião muito mais próxima do positivismo básico moderno, antirreligioso. Ele acreditava que a religião é um atraso, uma regressão.

Para Freud, o ser humano não progrediu porque toda nossa estrutura racional e civilizacional está assentada sobre a repressão gigantesca de nosso psiquismo selvagem, pré-histórico, agressivo e destrutivo. Essa repressão, segundo Freud, produz um mal--estar infinito, como ele demonstra em *Mal-Estar na Civilização*, um dos melhores livros já publicados sobre o tema. Ele dizia que o ser humano é atravessado por pulsões de sexo, que o deixa muitas vezes selvagem e infeliz. Ao mesmo tempo, é atravessado por impulsos autodestrutivos e continua hoje igual aos seus parentes de mil anos atrás.

Em relação à noção de progresso, Freud e Jung chegam ao mesmo lugar — dúvida quanto ao progresso como valor absoluto — mas percorrem caminhos diferentes.

Tem gente como Steven Pinker, que se autodenomina um "neoiluminista" — eu acho que ele é um iludido — que apanha das feministas e do movimento identitário, mas é otimista. Ele acredita que existem bons anjos na natureza do homem, que essa é a herança iluminista e que o homem tem melhorado ao longo da história. Ele oferece estatísticas para tentar provar que o mundo está menos violento. Deve ter se esquecido da existência do Talibã e de suas ações no Afeganistão e Paquistão; e do que faz o Estado Islâmico, na Síria e Iraque, para citar apenas alguns exemplos. Pinker também se esquece de que a história ainda não acabou. Imagine quem vivia em Roma, utilizando aquedutos, percorrendo estradas construídas nos tempos do Império Romano, desfrutando de uma relativa segurança, garantida pela chamada *Pax Romana*, a estrutura criada para reduzir a violência dentro do território. Essa *Pax* era mantida à custa de muita violência e da escravidão, mas os cidadãos viviam num espaço de segurança e ordem. Se tudo aquilo acabou, porque nossa civilização não pode acabar também?

A rigor, do ponto de vista historiográfico, não se pode dizer que o ser humano melhorou. Porque a história não nos instrumentaliza com ferramentas comparativas desse tipo. Primeiro porque a história é sempre, como nos ensinaram os pós-modernos, algum tipo de narrativa entre outras possíveis. Não há réguas claras para se dizer que o ser humano melhorou em comparação ao que foi no passado. Como bem mostraram Maquiavel e, mais tarde, Isaiah Berlin, mesmo no plano dos valores, ocorreu uma descontinuidade. Valores que geraram ganhos civilizatórios, de organização, de continuidade, no Império Romano, são valores que, para o mundo cristão, não valem. Ao mesmo tempo, valores do mundo cristão acabaram, de certa forma, destruindo Roma.

Há quem acredite que o planeta vai pegar fogo e vai acabar tudo, mas se esquecem de que a história ainda não acabou. Esse mundo que a gente conhece hoje, tecnológico, em que há uma certa relevância do modelo liberal-democrático, pode acabar. Podemos ir para a entropia.

A rigor, só um antropólogo de outro planeta, observando achados arqueológicos do planeta Terra, no futuro, examinando os milhares de anos que durou a espécie *homo sapiens*, alguém que conseguisse ler nosso alfabeto e, se tiver sobrado algum texto escrito, isso é difícil, porque os computadores também se destroem, talvez consiga levantar alguma hipótese a respeito. Como se faz hoje, por exemplo, em relação ao Império Romano, quando estava em desenvolvimento, quando atingiu seu apogeu político e técnico ou quando começou a entrar em decadência.

Taquari: *Então, por que essa é uma questão recorrente?*

Pondé: Primeiro, porque a modernização trouxe a auto crença de que ela significa o grande avanço da civilização. Isso faz parte da noção de futuro que o modelo atual de sociedade criou.

Que noção é essa? Que o futuro será melhor na medida em que a gente acumule mais conhecimento e mais técnicas. Essa é uma ideia iluminista, basicamente burguesa. O burguês é aquele sujeito que pensa no futuro o tempo inteiro. Ele espera que o futuro nasça da sua contabilidade, do seu departamento de Engenharia, do seu Excel, do seu celular de última geração. Essa noção de futuro é muito recente.

O conceito de questão do futuro já tive oportunidade de apresentar perante diferentes plateias e nunca vi alguma que entendesse isso de forma mais clara — de que a noção de futuro que temos hoje é uma invenção dos últimos 200 anos. O futuro, até então, incluindo a longa pré-história, nada mais era do que a repetição do que sempre existiu. Não existia isso de "eu vou fazer um MBA, vou me reinventar, vou garantir que meus filhos tenham um futuro melhor, escolher uma profissão". Não existia isso. As mulheres, quando menstruavam, logo viravam mães, por casamento ou por estupro. Elas iam repetir todo o arco vivido por suas mães e avós. Assim como os meninos iam ser ferreiro, padeiros, eram treinados para cuidar dos animais. Por sorte, quando acabou a escravidão, ainda eram livres de alguma forma. Isso na Europa ou nas Américas. Ou, ainda, iam para a guerra. Não existia essa noção de futuro que existe hoje.

Taquari: *Apesar de todos os ensinamentos da história, ainda hoje nos defrontamos com guerras, barbárie e epidemias. Não aprendemos nada?*

Pondé: Embora a modernidade, construída em cima dos pilares do trabalho, esforço, razão e conhecimento técnico, garanta que nós escapamos da em alguma medida, da contingência, o fato é que a contingência continua reinando. E ela reina não só do lado de fora, mas dentro também. No sentido de que existe o inconsciente, existem os determinismos emocionais, existem as lacunas de entendimento da realidade, existe aquilo que Georges Bernanos, escritor francês, aponta em seu livro *Sob o Sol de Satã*. Bernanos tem uma tese segundo a qual, o homem mente por gosto, não porque precisa. Então, levando em conta a vocação natural do homem para a mentira é muito difícil limpar essa área toda. E se limpasse, estaríamos diante de uma das formas mais violentas e totalitárias que a humanidade já presenciou de gestão social e política.

Lembrando uma questão que já tratamos anteriormente, o cristianismo é fruto da corrente apocalíptica e profética do judaísmo. Essa corrente cristã, de certa forma, universalizou a ideia de que a história está caminhando para frente, em princípio, em direção ao fim do mundo. Mas, na medida em que o mundo não acabou — e até agora Jesus Cristo não voltou — ela acabou produzindo como desdobramento a ideia de que a parceria com Deus implica investimento na história, na ética, que está presente no Velho Testamento, na relação com Deus, compreendida como uma relação que deveria se desdobrar num povo mais ético, o que evidentemente nunca acontece.

A história não é um processo linear de acúmulo de ações em direção a uma melhoria. Hegel transformou isso numa teoria filosófica robusta, sofisticada, com a noção do avanço dialético da história, superação de contradições, sínteses entre teses e antíteses e a síntese é sempre o momento melhor do que os dois anteriores. Existe um hegelianismo de senso comum entre os cientistas de que, sim, como a ciência e a tecnologia avançaram, por isso, a humanidade também avançou. Mas isso é um equívoco porque, amanhã, o homem pode explodir o mundo, destruir o planeta, levar a humanidade a modos de produção ultrapassados, quando, certamente voltaríamos a praticar a escravidão. Quando discuto isso, preciso alertar: olha, isso não significa que a escravidão é boa, tá? Acontece que o público hoje, em sua imensa maioria, é muito infantil. Talvez sempre tenha sido. É que agora eles estão aparecendo mais, como diziam Nelson Rodrigues e, mais tarde, Umberto Eco.

Isso não significa que a escravidão é boa. Significa que, ao longo da história, a única força que a humanidade dispunha era a força muscular. Com o avanço da técnica e, depois, com a revolução industrial e científica, a humanidade se libertou da dependência da força muscular animal e humana. Assim como deixamos de nos locomover com cavalos e carroças.

Os homens deixaram de ser carregados por escravos ou pessoas contratadas para isso. O homem também conseguiu construir pontes, aquedutos, pirâmides e castelos, sem a utilização de escravos. Antes, não tinha nenhum outro exemplo de força mecânica em escala, que não a escravidão. Se a tecnologia acabasse de forma radical, as técnicas da engenharia, o homem voltaria a praticar a escravidão. Portanto, não tem nenhum avanço na história.

Outro exemplo, já mencionado anteriormente, que demonstra que o homem não passou por uma evolução significativa, é a situação criada por um inventário. Basta uma família enfrentar um inventário para se ter uma baixaria total, se tiver alguma coisa para dividir. Mesmo que seja uma quitinete na praia.

Taquari: *Por que algumas pessoas insistem em acreditar que o ser humano melhorou muito, em relação a seus antepassados?*

Pondé: Eu acho que só existem dois motivos para que alguém responda "sim" para a pergunta sobre a suposta evolução do ser humano. Ou a pessoa é ignorante e, portanto, ela desliza para o senso comum — "ah, sim, olha como o homem criou o antibiótico, olha como esse celular é avançado" — ou é mau caráter mesmo.

O mundo nunca produziu tanta riqueza, tanta longevidade. Há um avanço dentro desse arco de tempo caracterizado pelas transformações levadas a cabo pelo avanço tecnológico e científico. Mas isso não significa nada moralmente. Por que o homem moderno é tão monstruosamente arrogante que construiu a tese de que o planeta só aquece por causa dele. Só que o planeta já aqueceu e resfriou milhares de vezes, ao longo de sua história de bilhões de anos. No tempo do Império Romano, o planeta era mais quente do que é hoje. Os romanos faziam vinho na Inglaterra porque o clima lá era mais ameno. Quando o clima começou a esfriar, foi ruim para o Império. Isso não significa que o avanço industrial não destrua o meio ambiente. Basta olhar em volta para se perceber isso. Mas ele destrói ao ceder ao desejo do homem de transformar tudo à sua volta no seu parquinho. Possivelmente, tudo isso que a humanidade vem fazendo nos últimos 200 ou 300 anos não deve ter ajudado o planeta mesmo. Ainda assim, o homem hoje parece acreditar que vai conseguir reverter o aquecimento global. Vai conseguir reverter um processo que, mesmo que tenha a ver com a atividade desenfreada da revolução industrial, seguramente, pelo histórico do planeta, já teve variações do mesmo jeito. Aquecimento, resfriamento. Hoje prevalece o seguinte raciocínio: "A direita e os mais velhos destroem o planeta. Os jovens de esquerda vão salvar". Que é uma mentalidade em modo regressão. Só alguém que tem 30 anos de idade com cabeça de 2 anos de idade é capaz de acreditar numa coisa dessas.

Taquari: *Também há quem acredite que houve um progresso moral significativo...*

Pondé: O progresso moral, então, é uma piada de mau gosto. A ideia de que o ser humano não se lance em matanças — que normalmente é o grande clichê com relação a esse tema — não dá nem para se imaginar. Cada vez mais, apesar de que havia um tempo em que as pessoas se iludiam com isso, está ficando claro que a política só tem como objetivo os interesses e a sobrevivência dos próprios políticos e seu entorno.

De uns tempos para cá, a imprensa descobriu que, nas regiões modernizadas, a fertilidade despencou. Esse é um assunto do qual já se sabe há, no mínimo, 20 anos. Só agora que a imprensa descobriu. Então, eu me pergunto: como seria possível voltar ao crescimento populacional?

A *Folha de S.Paulo* publicou uma matéria sobre como ajudar os casais a terem filhos. Não adianta, porque a decisão é racional. Filho custa caro, leva tempo e o retorno, considerando apenas o aspecto emocional, é duvidoso, tira a liberdade.

A redução nas taxas de natalidade hoje está ligada ao avanço social moderno e à emancipação feminina. Isso não vai mudar.

Só vai mudar se os muçulmanos dominarem o mundo. Como Michel Houellebecq diz em seu livro *Submissão*.

Jornalistas perguntam: não tem como mudar? Não tem. Só se a modernidade recuasse. Ou, então, se o caos e a violência voltassem a encampar o mundo. Vivemos tempos sombrios. Pensar a sério é isso. Encarar a realidade alheia aos nossos desejos.

Pensar a sério é isso. Encarar a realidade alheia aos nossos desejos.

Índice Remissivo

A

África 45, 175
A Folha de São Paulo, 13, 25, 26, 64, 73, 82, 89, 214, 225
Alckmin, Geraldo 13, 42, 51
Alemanha 44, 45, 50, 76, 99, 109, 110, 119, 168, 213
Anarco-capitalistas 24
Argentina 24, 93
Aron Raymond 37, 85, 191, 202, 203, 204

B

Bauman, Zygmunt 10, 67, 95
Biden, Joe 197
Berlin, Isaiah 123, 185, 186, 188, 189, 220
Bolcheviques 38, 50, 51, 61, 137, 140, 152, 172, 175, 199
Bolsonarismo 11, 52, 54, 55, 57, 102
Bolsonarista 10, 11, 12, 14, 24, 33, 43, 44, 37, 53, 57, 205
Bolsonaro, Jair Mesias 11, 14, 20, 33, 34, 42, 43, 54, 111, 200, 201
Brannan, Jason 211
Brasil 34, 20, 21, 23, 24, 25, 27, 34, 58, 41, 42, 47, 48, 49, 50, 51, 54, 55, 56, 57, 58, , 82, 60, 83, 61, 64, 66, 74, 83, 86, 87, 108, 88, 90, 111, 93, 99, 129, 112, 113, 130, 178, 204, 2

C

Camus, Albert 72, 73, 85, 202, 207, 208
Capitalismo 36, 38, 65, 77, 83, 89, 96, 97, 98, 99, 102, 184, 202

Churchill, Winston 210
Castro, Rui 73
Ciências Sociais 18, 124
Cristianismo 24, 13, 36, 37, 84, 105, 106, 107, 113, 115, 116, 222

D

Dalrymple 207, 208, 209
Dawson, Christopher 107
Descartes, René 19, 37, 200
Ditadura 9, 10, 23, 34, 62, 86, 87, 179
Dostoiévski, Fiódor 69, 123, 124, 125, 126, 127, 128, 129, 130, 131, 132, 133, 138, 139, 142, 143, 152, 159

E

Eco, Umberto 26, 52, 223
Espinosa, Baruch 37

Estado Islâmico 119, 220
Estados Unidos 20, 25, 26, 27, 43, 45, 46, 48, 49, 52, 54, 57, 64, 74, 75, 76, 81, 83, 85, 87, 90, 99, 103, 112, 121, 129, 170, 176, 177, 178, 201, 204, 215
Europa 36, 37, 38, 44, 45, 46, 47, 49, 76, 79, 83, 85, 99, 109, 110, 111, 116, 118, 119, 132, 140, 168, 174, 178, 212, 213, 214, 222
Extrema-direita 34, 42, 43, 44, 45, 46, 47, 48, 61

F

Fake news 61, 79
Fascista 32, 33, 45, 75
Feminismo 11, 49, 69, 83, 85, 88, 94, 98, 178
Filosofia 37, 53, 18, 19, 83, 83, 90, 101, 102, 115, 145, 116, 120, 121, 146, 149, 160, 167, 174, 183, 184, 185, 187, 188, 202, 2
Fernandes, Millôr 9, 10, 12
Fox News 25, 27
França 13, 14, 25, 26, 27, 33, 34, 42, 46, 47, 49, 57, 76, 84, 85, 89, 90, 92, 99, 102, 109, 110, 116, 119, 139, 140, 142, 160, 167, 168, 169, 183, 186, 202, 203, 213
Francis, Paulo 25, 60, 73, 114, 190
Freud, Sigmund 62, 102, 108, 113, 124, 173, 218, 219
Fukuyama, Francis 190, 192, 193

G

Gogol, Nikolai Vasilievich 123, 126, 133, 134, 135, 138
Graber, Michael 97
Greene, Graham 108
Guerra Fria 87, 189

H

Hamas 22, 27, 76
Hamilton, Alexander 20, 117, 176
Hegel, G. W. Friedrich 107, 189, 190, 205, 223
Hitler, Adolf 23, 85
Hobbes, Thomas 167, 168, 169, 170, 171, 172, 173, 174, 175, 191, 192, 193
Hochheim, Eckhart de 29, 32

I

Idade Média 31, 32, 36, 84, 115, 116, 117, 132
Igreja 29, 30, 93, 109, 115, 117, 152, 168, 182, 183
Iluminismo 37, 101, 165, 183
Império Romano 32, 106, 109, 110, 168, 169, 187, 220, 221, 224
Inglaterra 25, 51, 76, 84, 95, 96, 99, 109, 110, 115, 119, 140, 161, 167, 169, 176, 178, 183, 185, 189, 198, 213, 215, 224
Islamismo 107
Israel 22, 26, 27, 57, 75, 76, 215

J

Jerusalem Post 26

Jornalismo 18, 64
Judt, Tony 190, 203, 204

K

Kant, Imannuel 55

L

Lacan, Jacques 102, 103
Lava Jato 55
Le Figaro 25, 82, 87
Le Monde 25, 27, 87
Lênin 137, 140, 175, 199, 203
LGBTQIA+ 178
Locke, John 91, 110, 167, 169, 170, 171, 172, 173, 175, 176, 177, 178, 191, 192
Lula (Luiz Inácio Lula da Silva), 11, 13, 20, 35, 42, 52, 54, 55, 57, 89, 200, 201, 211, 212
Lutero, Martinho 115, 116

M

Macron, Emmanuel 46, 87, 88
Marx, Carl 30, 35, 36, 37, 95, 96, 97, 98, 99, 102, 176, 179, 189, 190, 193, 203
Mile, Javier i 24
Mill, John Stuart 91, 184, 187

Miłosz, Czesław 24
Ministério Público 9, 39, 58, 83
Muçulmano 47, 58

N

Nabokov, Vladimir 125, 126, 127, 129
New York Times 25

Nietzsche, Friedrich 102, 115, 186, 207, 208, 209

O

O Estado de S. Paulo 25
O Globo 25
ONU 38, 78
Oriente Médio 107, 108, 109, 121

P

Partido Novo 41
Pascal, Blaise 21, 22, 124, 127, 160, 161
Platão 121, 189, 190, 193
Poder Judiciário 9, 30, 31, 32, 33, 39, 58
Política 7, 8, 9, 13, 15, 19, 20, 21, 22, 35, 36, 41, 42, 47, 48, 50, 51, 52, 53, 56, 65, 79, 81, 82, 85, 86, 87, 89, 92, 105, 106, 111, 113, 114, 117, 118, 119, 129, 141, 145, 149, 161, 171, 172, 173, 175, 178, 183, 185, 188, 189, 190, 191, 192, 193, 195, 198, 200, 201, 202, 203, 209, 214, 218, 219, 222, 225
Popper, Karl 188, 189, 190, 191, 193, 194
PSDB 42
Psicanálise 102
PSOL 14, 27
PT 11, 13, 14, 15, 27, 35, 38, 51, 52, 54, 61, 89, 204
Putin, Vladimir 121, 122, 131, 132, 138

R

Ratzinger, Joseph Aloisius 35

Reino Unido 10, 169
Religião 66, 101, 102, 103, 107, 115
Revolução Francesa 48, 167, 172, 181, 182, 186, 202, 204
Revolução Industrial 95, 96
Revolução Russa 137, 199
Rio de Janeiro 16, 21, 48, 69, 71
Rochefoucauld, François de La 160, 161
Rodrigues, Nelson 8, 12, 31, 43, 52, 59, 60, 61, 62, 63, 64, 65, 67, 68, 69, 70, 71, 72, 73, 75, 126, 223
Romanov 50, 51, 132
Rousseau, Jean-Jacques 121, 167, 170, 171, 172, 173, 179, 189, 191, 192, 193, 195
Rússia 22, 38, 44, 45, 50, 75, 76, 78, 84, 85, 94, 96, 98, 121, 122, 126, 131, 132, 135, 138, 139, 140, 142, 143, 149, 151, 155, 159, 160, 175, 198, 199, 200, 202, 204

S

São Paulo 41, 42, 15, 16, 23, 48, 49, 53, 54, 101, 59, 126, 64, 2, 2
Sartre, Jean-Paul 75, 85, 86
Schopenhauer, Arthur 159, 160
Século XIX 36, 37, 38, 50, 78, 81, 84, 91, 95, 98, 110, 118, 122, 126, 128, 131, 135, 136, 140, 141, 142, 149, 159, 176, 198, 215
Século XVII 21, 37, 110, 116, 124, 160, 161, 167, 168, 170, 174, 175, 176

Século XX 8, 12, 37, 38, 44, 45, 47, 48, 50, 72, 81, 85, 95, 107, 140, 189, 191, 195, 210
Século XXI 44, 81, 88, 97, 186, 217
Segunda Guerra 38, 44, 79, 85, 210, 213
Shakespeare, William 69, 124, 128, 160, 161, 162, 163, 164
Smith, Adam 184
Sowell, Thomas 121
Stálin, Josef 23, 44, 85, 189
STF 9, 54, 55, 56, 74, 78, 205

T

Talibã 119, 219
The Guardian 25
Tocqueville, Alexis 176, 177, 181, 203, 209, 210, 211, 215
Tolstói, Liev 123, 125, 126, 127, 128, 132, 138, 139, 142, 149, 150, 151, 152, 153, 154, 155, 156, 157, 158, 159, 160, 199
Torquemada 29, 30, 33
Torquemadas 7, 29, 30, 33
Trotsky, Leon 51
Trump, Donald 42, 45, 197
Turguêniev, Turgêniev 126, 133, 134, 138, 139, 140, 141, 142, 143

U

Ucrânia 22, 41, 75, 76
União Soviética 23, 24, 35, 37, 38, 79, 85, 86, 181, 189

V

Voltaire 101

W

Washington Post 25